世界五百强企业的压力法则

知道评分标准，才能准确得分，把握自己的职场路线图

学会将部门间的隔阂和同事的利益纷争化繁为简，从有到无

解读领导的用人需求，消除管理与执行的障碍，实现从「执行」到「管理」的转变

刘刚 主编　相荣林 编著

企业管理出版社
ENTERPRISE MANAGEMENT PUBLISHING HOUSE

图书在版编目（CIP）数据

世界五百强企业的"压力"法则/ 刘刚主编；相荣林编著. —北京：企业管理出版社，2013.7

ISBN 978-7-5164-0405-8

Ⅰ．①世… Ⅱ．①刘… ②相… Ⅲ．①企业管理—管理心理学 Ⅳ．①F270-05

中国版本图书馆 CIP 数据核字（2013）第 131607 号

书　　名：世界五百强企业的"压力"法则
作　　者：刘　刚　相荣林
责任编辑：谢晓绚
书　　号：ISBN 978-7-5164-0405-8
出版发行：企业管理出版社
地　　址：北京市海淀区紫竹院南路 17 号　邮编：100048
网　　址：http://www.emph.cn
电　　话：总编室（010）68701719　发行部（010）68414644
　　　　　编辑部（010）68701891　　　　（010）68701661
电子信箱：emph003@sina.cn
印　　刷：三河市南阳印刷有限公司
经　　销：新华书店
规　　格：170 毫米×240 毫米　16 开本　12.5 印张　176 千字
版　　次：2013 年 7 月第 1 版　2013 年 7 月第 1 次印刷
定　　价：28.00 元

版权所有　翻印必究·印装有误　负责调换

前　言

工作多年，你是否意识到"职业素养"这个话题？职业素养，是你能够轻松自如地应对和解决工作与生活中的问题能力的综合水平。很多人在工作中面对着以下难题：

为什么总觉得工作压力过大难以摆脱？

为什么已经全力应付工作，却效率低下业绩平平？

为什么办公桌上终日文档堆积如山、凌乱不堪？

为什么与同事和上司之间的关系紧张？

为什么工作和生活为什么不能兼顾？

……

这些问题困扰的话，那么你的职业素养已经到了必须提升的地步了！因为这些东西和您的工作业绩息息相关，与您的生活质量密不可分。

本系列图书作者经过多年的研究和对大量详实的案例总结，针对职场中普遍存在的问题，提出了一系列卓有成效的、使工作更成功、生活协调有序的见解、方案和窍门，这些建议和方法帮助无数职场人士摆脱工作困境，走向了成功。不论你是普通员工，还是总裁、执行官、经理人，也不管你是否有经验，还是没有经验，都可以从本系列图书作品中获得有益的启示，运用这些知识方法指导自己的工作，摆脱工作压力，解决工作中的问题和冲突，井然有序、富有成效地掌控自己的工作，轻松自由地实现目标，取得事业和生活的成功。

本书主要讲述压力存在的必要性、压力的来源、如何减压、如何增压、如何调节压力等为主要内容，以"压力"为关键词，详尽讲述了我们如何能够一张一弛的利用压力，让身边的压力有益于我们的工作业绩提升，有利于我们轻松快乐的生活。如果你现在仍然被压力问题奴役，每天生活很沉重的话，本书或许可以给你一个柳暗花明般的科学建议。

在本书撰写过程中，我们曾数次召开同行讨论会，希望本书能够精益求精，避免一家之言，使我们提供的方案更客观、更翔实、更贴近实际。这些同行朋友大都曾经在一线管理岗位工作，且工作业绩突出，其中有些朋友是来自世界五百强企业的管理骨干，能够得到他们的大力支持，是我最大的荣幸。在此对戴玄、张伟、庞海波、王美玉、季福林、舒朝普、李中凯、郭汉尧、范敦海等，一并表示感谢。

目录
CONTENTS

Chapter 01　压力如"洪水猛兽"

压力在我们周围被无限地放大,似乎只有现代人才有压力。压力是抽象的心里感受,还是我们真的被重压了?压力真的如同洪水猛兽般让我们躲闪不及吗?我们真的需要一点时间去了解一下压力问题了!

No. 1　人生无处不压力　／3
No. 2　征服还是被征服　／5
No. 3　你怎么看待压力　／7
No. 4　适当的压力很必要　／9
No. 5　人无压则不"利"　／11
No. 6　压力带来的快乐　／13
No. 7　生活因压力而美丽　／15
No. 8　失败是不是财富取决于你　／18

Chapter 02 你的压力从哪里来

压力是一个复杂的东西,有外在的真实的压力,有内在的无形的压力;有好的压力,也有坏的压力,看清它,利用它,让你的工作轻松起来,让自己成为一个快乐的人。

No. 1　你的压力从哪里来　／23

No. 2　给压力做个盘点　／26

No. 3　压力的三个阶段　／29

No. 4　压力的两面性　／30

No. 5　换个角度你会看到不同的风景　／32

No. 6　自己憋出来的压力　／35

No. 7　什么是必要的压力　／37

No. 8　职场压力的主要表现　／40

No. 9　难以完成的事怎样完成　／43

No. 10　热情不是毫无进展的重复　／45

No. 11　做好眼前的事　／48

No. 12　眼光放远些　／50

No. 13　利益的大与小　／52

No. 14　每一次挑战都是跃升的积淀　／53

No. 15　压力：向前与退后　／57

No. 16　把自己的优势发挥到极致　／60

No. 17　有点冒险精神　／62

No. 18　告诉自己：我是最专业的　／65

Chapter 03 怎样调节压力

压力无处不在，你可以用太极收推式掌法去与压力打交道。压力太大时，用推式，不要与它硬碰硬；需要压力时，用收式获取有益压力。让自己焕发激情和动力，在这一张一弛中调节压力。

No. 1　与压力和平共处　/ 71

No. 2　心境改变环境　/ 73

No. 3　从应付压力到掌控生活　/ 75

No. 4　疏导"压力源"　/ 78

No. 5　解开心中"千千结"　/ 79

No. 6　把压力分解开来　/ 81

No. 7　学会在逆境中微笑　/ 82

No. 8　建立起良好的职场关系　/ 84

No. 9　控制你的心理压力阀　/ 87

No. 10　改变坚持的态度　/ 89

No. 11　多点"阿Q"精神　/ 91

No. 12　拿得起，放得下　/ 93

No. 13　找回快乐的钥匙　/ 95

No. 14　让自己有一个积极的情绪　/ 97

No. 15　坚忍的内心　/ 99

No. 16　学会释放压力　/ 102

Chapter 04 自减压力：让你倍感轻松

有些压力，是因为我们把事情看得太重，或者自己的目标定得过高，过于苛求自己而产生的。此时，我们应该给自己一个减压的窗口，凡事不要对自己要求过高，不要为难自己，采取有益的方法，科学安排自己的工作和生活。

No. 1　你不需要太多的行李　/ 109

No. 2　莫要自寻烦恼　/ 110

No. 3　融入团队　/ 112

No. 4　提高能力，缓解压力　/ 113

No. 5　心灵也要"卸卸妆"　/ 115

No. 6　"没有机会"不是压力　/ 117

No. 7　重拾信心，摆脱压力　/ 119

No. 8　万事不必求完美　/ 121

No. 9　从兴趣出发来减压　/ 124

No. 10　放松自己，减少压力　/ 127

No. 11　开朗的人能够减少压力　/ 128

No. 12　放弃就是以退为进　/ 130

No. 13　男性如何减轻压力　/ 133

No. 14　女性如何减轻压力　/ 135

Chapter 05 自加压力：激发无限潜能

那些有益的、必要的压力是我们获得动力的源泉，我们应该适时给自己一些压力，让自己更加有激情地投入到自己的工作和生活之中。

No. 1　人无压力轻飘飘　／141

No. 2　压力是潜能之母　／142

No. 3　生于忧患，死于安乐　／145

No. 4　劣势不是坏事　／148

No. 5　逼迫自己跳跃前进　／149

No. 6　压力唤醒沉睡的心灵　／150

No. 7　加压锤炼赢者心态　／152

No. 8　压力赶走懒惰　／154

No. 9　把目标定得再高些　／156

No. 10　多干工作，自加压力　／159

No. 11　竞争对手是最好的老师　／163

Chapter 06 压力就是动力

如果你想翻过墙，就先把帽子扔过去。你的帽子已在墙那边了，你就别无选择，你就得面对成功路上的种种挫折与压力，下定破釜沉舟的决心，义无反顾地去争取成功的机会。

No. 1　压力可以转化为动力　／169

No. 2　没有压力就没有动力　／172

— 5 —

No. 3　竞争带来压力　/174
No. 4　寻找压力的积极力量　/176
No. 5　千锤万凿出深山　/178
No. 6　失败是成功之母　/179
No. 7　戒急用忍才能成大器　/180
No. 8　压力就是一种责任感　/182
No. 9　从压力中磨练意志　/183
No. 10　静止的弹簧没有力量　/185

Chapter 01 压力如"洪水猛兽"

压力在我们周围被无限地放大,似乎只有现代人才有压力。压力是抽象的心里感受,还是我们真的被重压了? 压力真的如同洪水猛兽般让我们躲闪不及吗?我们真的需要一点时间去了解一下压力问题了!

No.1 人生无处不压力

　　2003年4月1日，香港著名艺人张国荣先生从20多层的高楼纵身跃下，当场殒命。死者已矣，惊叹之余，人们皆呼：张先生功成名就，亿万身家，过着锦衣玉食的日子，还有什么想不开的呢？其实，大多数的人只知其一，不知其二。张国荣的去世早有征兆，由于工作与情感上的原因，导致其长期失眠及情绪不稳，最后患上严重的忧郁症，不堪重负才采取自杀的方式来寻求生命的解脱。其实，像这样的故事并不新鲜，我们也无需惊叹，一个人如果无法承受超强的压力，必然会被击倒，关键是看你有多大的承受能力，或者说解脱的能力。

　　说到压力，几乎所有的人都会大吐苦水：学生要面临升学压力，毕业要面临就业压力，就业要面对工作压力，工作了又要面临失业的压力。有人说还是当老板好，挥挥手问题就解决了。其实老板也未必轻松，他们要面对竞争压力、发展压力、破产压力。至于人们普遍关注的压力就更多了，住房压力、医疗压力、教育压力、家庭压力等，哪个滋味都不好受。

　　人，从呱呱坠地的那一刻起，压力就在身边如影相随，密切相连。这主要原因是压力因人类的存在而存在，从史前人被猛虎追赶到现代人的紧张工作生活节奏，处处都显示出种种或大或小的压力。

　　从我们进入学校开始，压力接踵而来。在家长望子成龙的期待下，在同学之间激烈的竞争下，为了考上大学，不分白天黑夜，埋没在无边无际的题海里。学习已经不是一种快乐的事情，而是一个沉重的包袱。根据国内一家机构的一项调查表明，近70%的青少年觉得工作和学习上的压力很大。与此同时，社会的发展日新月异，信息更新加速，使得终身学习成为必然，因此成年人同样承受着学习的压力。

　　毕业后终于摆脱学习之苦，即将走上工作岗位。可由于各行各业竞争的加剧，求职难已成了不争的事实。即使有了工作，在这个飞速发展的社会里，人们又时时面临"下岗"的威胁。有人指出，整个就业人群有将近一半在工作中是不愉快的，90％的人在消耗大量的时间和精力从事与他们生活目标关系不大的工作。巨大的无形压力正"追杀"着都市的白领一族。据调查，85％的白领认为自己缺乏职业安全感，担心职业不稳定，缺少归属感，对可能出现的失败表示忧虑。

至于生活压力，琐碎的事情一个接着一个，人们不得不面对住房紧张、环境污染、交通拥挤、抚养孩子、照顾父母、支付医疗保险这些难题。生活的快节奏、多变性，给人们的恋爱、婚姻、家庭带来了许多不确定的因素，情感受挫机会增加。由于种种利益冲突，人际关系变得越来越复杂，情感交流日益减少。即使遭遇了困难和挫折，也找不到地方宣泄。

社会生活节奏的加快、日趋激烈的竞争和永无止境的欲望，使人们承受着越来越重的压力，被迫加入到亚健康的行列中。日本厚生省对国民健康意识进行调查，发现80％的人对于健康相当关心，其中1/3的人感到压力的可怕。我国社会生活的状态正在接近日本，许多人感到现代社会是一个"压力的年代"，我们几乎每天都生活在各种压力的刺激中。有人说，白领的生活压力很大，每个人体内都隐藏着一个炸弹，一触即"爆"。

人活一辈子，似乎都在与压力进行着不屈的抗争。我们一生都试图摆脱压力，但终归是徒劳的。压力会给人带来烦恼与痛苦，但人生在世，岂能没有压力！科学家认为，人生情感的体验需要三种境界：激情、紧张和压力。生活在玻璃缸内的金鱼，每天享受着主人投来的饵料，清闲而安逸，所以用不着为生存的压力而紧张。但人毕竟不是金鱼，在纷繁的世事中要生存、要奋斗、要发展，压力必然会很大。

英国心理学家戴维·丰塔纳曾给"压力"下了一个定义：压力是对精神和肉体承受力的一种要求。一个人的惰性与生存所形成的矛盾会是压力，一个人的欲望与来自社会各方面的冲突会是压力。说通俗一些，就是人生的各个阶段都有压力：读书有压力，上班有压力，做老百姓有压力，做领导干部也有压力。总之，人生无处不压力！处在当今的时代，压力更是谁都无法摆脱的，所以我们一定要有从容面对压力的心态。珍珠的来历大家都知道，它是石子放进贝壳，经过不分昼夜的磨砺而成。也让我们学习贝壳吧，把压力变成珍珠！把石子变成珍珠！

No.2 征服还是被征服

莎士比亚曾经有一句非常经典的台词："生存还是毁灭，这是一个问题。"

这段独白是哈姆雷特王子发现母亲和叔叔害死了自己的父亲，并且两人早有奸情之后的心境。此时的他痛苦、疑惑，对人生充满怀疑，觉得人活着没有意义，自杀更好，可又对死亡很恐惧，不知人死后会不会下地狱。所以在这段独白里，他非常犹豫，思考着"生存还是毁灭"。

哈姆雷特王子面对压力的时候也处于两难的境地，这和我们大多数人的思维习惯一样，踌躇不前，优柔寡断，犹豫不决，害怕挑战压力，又无处可逃。生活中几乎所有的人都面临过在压力面前的抉择。

一般来说，在困难与厄运面前，无外乎两种选择：一种是拒绝压力，一种是接纳压力。在压力面前，浅薄、懦弱的人一般会拒绝压力，他们追求平静，拒绝挑战，压力相对较小，但往往与壮烈和辉煌无缘；而勇敢的人接纳压力，当他们意识到压力不可避免时，便坦然地接纳了压力的磨砺，在舒适的享受与艰辛的奋斗之间，他们本可以名正言顺地选择享受，却出人意料地选择了压力。

小张和小崔是一对非常要好的朋友，同样选择到离家千里的北京闯天下。刚到北京的时候，两人都是雄心万丈，发誓要做出一番事业。两人进入同一家快递公司做业务员，收入很少，解决温饱都十分困难。一年下来，攒下来的钱不过千元，这下小张有点儿泄气了，抱怨说："整天风吹日晒，没日没夜地工作，苦没少吃，罪没少遭，钱倒没攒下几个，早知道这样，我还不如留在乡下种田呢！春耕秋收，我能休息好几个月呢！"

最终，小张打了退堂鼓，回到乡下种田。而小崔依然没有退缩的意思，

The Rule of Pressure for Top 500 Enterprises in The World

他更加努力，风里来雨里去，拼命工作，半年后，兢兢业业的小崔被提升为业务主管，工资也翻了一倍。由于自己认真负责的工作态度和执著的精神，小崔结识了很多客户，有的还成为了他的朋友。这样又过去了几年，小崔感觉到时机的成熟，从原来的公司退出来，自立门户成立了属于自己的快递公司，凭借多年积攒下来的人脉关系，小崔的快递公司业绩一直非常好。而此时的小张呢？却正因为农田的收成不好而愁苦不已。

在我们的身边，这样的故事太多了，不同的选择得出的结果显然是不同的。戴尔·卡耐基有一句关于压力的名言：正确的选择加上不懈的努力，就会创造出奇迹。每个人成长的道路都不可能是一帆风顺的，但为什么有的人在不平坦的人生道路上，摘取了迷人的桂冠，而有的人却碌碌无为呢？翻开那些成功人士的历史，你就会发现这样一个道理：他们之所以取得了成功，就在于他们在人生的旅程中，选择了努力作为人生和生命的支点，才使他们登上了理想的高峰。

压力来了，逃是逃不掉的。你必须做出抉择，要么征服它，要么放弃抵抗。

海伦·凯勒，这个响当当的名字你一定听说过，虽然她集盲、聋、哑三残于一身，但却成为了一个伟大的人物。海伦刚出生的时候，因为一场疾病使她变成既盲又聋的小残疾人，那一年，小海伦刚刚一岁半。

这样的打击，对于小海伦来说无疑是巨大的。每当遇到稍不顺心的事，她便会乱敲乱打，甚至在地上打滚乱嚷乱叫，简直是个十恶不赦的"小暴君"。后来，在父母及老师的教导和关怀下，小海伦渐渐地变得坚强起来，在学习上十分努力。

一次，老师对她说："希腊诗人荷马也是一个盲人，但他没有对自己丧失信心，而是以刻苦努力的精神战胜了厄运，成为世界上最伟大的诗人。如果你想实现自己的追求，就要在你的心中牢牢地记住'努力'这个可以改变你一生的词，因为只要你选对了方向，而且努力地去拼搏，那么在这个世界上就没有比脚更高的山。"

老师的话，犹如黑夜中的明灯，照亮了小海伦的心，她牢牢地记住了老师的话。从那以后，小海伦在所有的事情上都比别人付出了十倍的努力。她在心底里树起了颠扑不灭的信心，完成了对自卑的超越。24岁那年，海伦以优异的成绩从哈佛大学毕业，二战时期，她还被《大英百科全书》称颂为有史以来残疾人士最有成就的强者。

海伦成功的答案其实很简单：在生存与毁灭之间，她选择了生存；在命运面前，她选择了征服命运，而不是被命运摆布。你在人生的道路上，选择以信心、热爱及努力作为支点，再高的山峰也会被踩在脚下。

我们不能摆脱压力，其实有压力并不可怕，可怕的是被压力压垮。可以说，人生成就的辉煌就在于不屈服压力，人与压力的博弈中就是要做到"泰山压顶不弯腰"，关键就要去征服压力。反之则会被压力征服。

№.3 你怎么看待压力

人，哭着到这个世界上来，面临的首要问题就是生存。要生存，就必然遇到竞争；有竞争，就必然有压力。所以，只要你选择活着，就注定要承受生存所带来的各种各样的压力，如升学、就业、晋职等，不胜枚举，不一而足。

也许你会注意到，从办公桌下的纸篓到电脑里的回收站，生活中到处都需要垃圾桶。然而，有一种垃圾是无形的，却在我们的内心潜藏。上司的责难、朋友的误解，甚至阴霾的天气都可能会使你产生垃圾情绪，如焦虑、失望、不满、嫉妒等，日积月累，填满了我们的内心。而这种情绪压得愈深，我们的身心就愈加感到不适。

事实上，迅速摆脱压力是不可能的，你所能摆脱的只是对压力的看法。任何重大压力的减轻都将是一个长期渐进的过程，需要进行许多有意识的心理调节。对此，一位老中医曾感叹道，中国人面对疾病常有"断根"的观念。

事实上，面对一些慢性疾病及其背后的压力，更重要的是学习如何与之融洽相处，要了解自己什么时候容易发病，什么人或事带来压力，如何避免，如何应对。

心理学家指出，压力是对精神和肉体承受力的一种要求。可以说，在很大程度上决定我们受到压力的不是外界的诸种因素，而是我们对这些因素做出的反应，因此说，真正伤害我们的往往不是客观的压力如何，而是我们自身的不良情况和反应。就像被人造谣一样，错误的只是造谣惑众的人，而非被攻击者，只有当被攻击者因此而忧虑、烦躁乃至抑郁，造谣才变成了中伤。

压力会产生负面情绪，负面情绪会在不同阶段干扰我们的生活。学业压力、职场竞争、情感纠纷……有研究表明，我们通常认为的"好事"也会带给人压力，比如晋升、入学、步入婚姻等，都会给我们带来不同程度的烦恼。谁遇到生活上的不如意都会感到困惑，因此产生垃圾情绪很正常，我们不必刻意压抑它。

但是，在某些时候，我们无法改变事实，却有可能改变自己的情绪和想法。美国临床心理学家艾尔伯特·艾里斯认为："人不是为事情困扰着，而是被对这件事的看法困扰着。"他认为，每个人都要对自己的情绪负责。当人们陷入情绪障碍之中时，是他们使自己感到不快，是自己选择了这样的情绪取向，真正让我们产生垃圾情绪的很可能是我们的不合理信念和消极解释。

所谓不合理信念，指的是人对事件所持的信念、看法、解释有可能与事实不符或不合逻辑。美国心理学家韦斯勒曾总结出不合理信念的三个特征：绝对化要求、过分概括化和糟糕至极。绝对化要求是指凡事都认为"应该"或"必须"。比如"我必须将这件事做成"、"他不应该拒绝我"等；过分概括化是指看事情片面，一旦失败，便认为自己一无是处；糟糕至极的观念则认为一旦发生了不好的事，就会引发一系列的灾难。因此，要想清除垃圾情绪，就要首先审视自己是否有了这些不合理的信念。这些信念就像一种内在语言，会不断影响自己的情绪。

当今世界五百强之一的中国海尔集团，多年前是一家濒临倒闭的企业，面对外债累累将近衰败的企业，张瑞敏走马上任，可以想象，那时的张瑞敏心理上如果没有压力的话，中国就不可能有现在的海尔集团名誉全国和世界各国的辉煌成就。是压力给海尔集团带来了经济复燃，是压力给海尔集团带来了生机。

这正是敢于正视压力，把沉重的压力化做前进的动力的体现。以达到乘风破浪在高浪大风的海上，搏击高浪巨风，巍然屹立于经济技场中的境界。

史铁生年纪轻轻就残了双腿，曾经无奈过，曾经失落过，也曾一个人摇着轮椅在"那座废墟的荒园"中虚度。也曾因为"双腿残废，无法做人"的压力，他对生命不报太大的希望。然而，后来史铁生认识到："死是一件无需着急的事，是一件无论如何耽搁也避免不了的事。"自此之后，史铁生用坚强的毅力去正视这已成为现实的人生压力，给自己折了一只名为"写作"号的船，将自己从压力的深渊里摆渡出来，终于实现了自己的人生美丽。

这也正是史铁生敢于正视压力，坚强的从压力的深潭里挣脱出自己，解救了自己，让自己驾着"写作"号去实现自己的人生价值。

莎士比亚曾经说过："压力是一柄双刃剑。"正确的对待压力，它就有可能成为成功的一种动力。反之，它就有可能成为失败的根源。一个人目标是自己确定的，而压力则是在目标实现的过程中与生俱在的。你想生活的更好，就会有压力存在。

人不必畏惧压力，更不要把它看作是绊脚石、拦路虎。你若能正确认识它、认真对待它，变压力为动力，那么在成长前进的人生历程中，你便多了一位真正的良师益友。

No.4　适当的压力很必要

大多数人认为，压力是负面的，是具有伤害性的。有时压力可以把人压垮，但有时又起着积极的推动作用。

The Rule of Pressure for Top 500 Enterprises in The World

每天清晨，当太阳刚刚升起，露珠还未完全消失的时候，非洲草原上的动物们，已经开始了一天的奔跑。最先跑起来的是羚羊。它们成群结队地跑过平缓的山冈，找到水源，在短暂的休息之后又开始新的奔跑。如果不这样做的话，它们很快就会被那些肉食动物的锋牙利爪所消灭。

而此时，在离羚羊不远的地方，也许就在附近的草丛里，非洲土狼们也从饥肠辘辘的睡梦中醒来了，它们醒来的第一件事就是竭尽全力地奔跑，因为它们知道，如果自己跑不过羚羊，那么这一天就会忍饥挨饿，而那些瘦弱的、嗷嗷待哺的小土狼就再也看不到明天清晨的阳光了。

当土狼们开始奔跑的时候，狮子也开始了奔跑，而且它们的奔跑更加迅猛。它们必须赶在土狼之前找到当天的早餐，否则它们同样会受到饥饿和寒冷的煎熬。这样的一幕每天都在上演，无论是机敏的羚羊，凶恶的土狼还是迅猛的狮子，每天都要进行这样的奔跑比赛。

动物们的奔跑完全符合自然界优胜劣汰的规律，当然动物们并不懂得规律是怎么一回事，它们只知道，如果不奔跑就要面临死亡——这是源自于生存的压力。而动物园里的老虎，在一个人类搭建的吃喝不愁的环境中逐渐丧失斗志，步履缓慢，不知道食物藏在何处，更不知道如何捕捉猎食，如果把它们放到大自然，或许它们很可能连只野兔都捕捉不到，昔日威风凛凛的百兽之王雄风不再。

美国科学家摩德尔丝对两只老鼠做了一次试验：把两只老鼠放在一个仿真环境中，并将其中一只小白鼠的压力基因全部抽取出来，结果那只未被抽取压力基因的灰颜色的老鼠走路或者觅食物时，总是小心翼翼的。

在那个面积约500平方米的仿真自然环境里面，灰老鼠一连生活了十几天，没有出现任何意外。它甚至开始为自己积蓄过冬的食物，也开始习惯这一种没有人类恐吓的空间。而另一只被抽取了压力基因的小白鼠则从一开始就生活在兴奋之中。小白鼠只用一天时间就把500平方米的全部空间都大摇大摆地观察了一遍，灰老鼠用了近4天的时间才把整个仿真空间全部熟悉。

小白鼠爬上了仿真空间高达 13 米的假山，而灰老鼠最高只爬上了盛有食物的那个仅高 2 米的吊篮。

结果是小白鼠在仿真空间的第三天，因为没有任何压力而爬上了那个高达 13 米的假山，在试图跨过一个小石块时，一下子摔死了。

正是因为有了生存的压力，动物们才练就了强健的体魄，也正是因为有了压力的存在，才让小灰鼠平安地活了下来，这正是压力的必要之所在。

2006 年多哈亚运会上，我国马拉松女运动员周春秀比赛中一路领先，把各国运动员远远甩在身后，无可争议地夺得了冠军，但却成绩平平，她感慨的是身边没有竞争对手，缺少压力而释放不出更快的速度。这个真实的事件多少能给我一个启示：假如人生没有压力，我们还会拼命地工作吗？我们还会为了心中的理想努力奋斗吗？我们的生活还有激情可言吗？毫无疑问，即使我们仍然具备激情，但这种激情也只能是大打折扣的，缺乏高度的。假如人生没有压力，也许你的生活会变得平淡如水，也许你的人生从此走向平庸。没有大风大浪的压力，只能在平静的湖里泛舟的人永远成不了强悍的水手。

不能简单地把心理压力看成消极的东西。因为适度的压力可以使人集中注意力，提高忍受力，增强机体活力，减少错误的发生。

No.5 人无压则不"利"

人无压则不"利"，这里的利，我们完全可以把它理解为"利益"。用"天下熙熙皆为利来，天下攘攘皆为利往"来形容当今这个经济社会，是一点也不为过的。人人都在为自己的利益而工作奋斗，甚至是挣扎。

追求利益是每个人生活的重要部分，对相当多的人来说甚至是全部。马克思也曾说过："人们奋斗所争取的一切，都同他们的利益有关。"看看身边的人一个个功成名就、财源广进，你一定为自己的寒酸而倍感心急，为什么？

The Rule of Pressure for Top 500 Enterprises in The World

无非是"利"字作祟。

看过电影《活着》的人一定记得那个纨绔子弟福贵少爷，祖上积攒下来的财富让他过着衣来伸手、饭来张口的日子，连出门都有老妈子背着。如此活着，何也？无非是没有像老妈子那样为生活所迫嘛！后来福贵少爷输光了家产，为了生计给人家表演皮影戏，何也？迫于生存压力嘛！

人类不仅仅有生存的利益，更有追求物质、金钱、荣耀的利益之心。只要想生存下去，只要想继续发展，人类就从来不敢懈怠，一生都在拼搏。

小甲现在从事的是广告业务员的工作。最近，公司准备从业务员中提升一个业务主管，广告部的所有人都表现得更加出色，因为大家都对这个位置垂涎三尺，而业绩肯定是上级考察的一个重要标准。小甲当然也这样想，而且他相信自己是有一定竞争实力的。

有一天，上司找到了小甲，他告诉小甲说："你非常优秀，我相信你能够变得更加优秀。有一件事我希望你能同意，以后将对你的薪金做出调整，我的意思是说，以后你的底薪没有了，只按广告费抽取佣金，当然抽取的比例要比以前更大。"显然，这给小甲带来了一定的压力，不过小甲决定接受这个挑战。

小甲马上开始了新一轮的工作，他列出一份名单，准备去拜访一些不好交往但十分重要的客户，而且他给自己定下了两个月的期限。其他业务员认为要想争取到这些客户无异于天方夜谭，而小甲却满怀信心地一一拜访客户。第一天，他以自己的努力和智慧与20个"不可能的"客户中的三个谈成了交易；第一个月的其他几天，他又成交了两笔交易；到了月底，20个客户中只有一个还不买他的广告。同事们都认为小甲算是大功告成了，至于剩下的那个"难缠的主儿（一家公司的老板）"，已经没必要再在他身上浪费时间了。但小甲没有放弃。第二个月，小甲一边发掘新客户，一边锲而不舍地说服那个公司老板。每天清晨，那位老板一到公司，小甲就进去和他谈广告的事情，而那位老板总是回答："不！我不需要！"

第二个月又要过去了，这一天小甲又来到了这家公司，这位老板的口气缓和了许多："你已经浪费了两个月的时间在我身上，我现在想知道的是，你为什么要这样做？"

"我并没有浪费时间，和你打交道本身就是一种收获，即使你不买我们公司的广告，我也从你身上锻炼了自己克服困难的意志。"

那位老板笑了，"年轻人，你很聪明，也十分踏实肯干，我相信拥有你这样员工的公司一定是一家优秀的公司，我决定买一个广告版面。"

小甲的成功是因为工作的压力激发了他的动力，唤醒了他的激情，让他在同事中脱颖而出，这就是压力的作用。加拿大医学教授赛勒博士曾说："压力是人生的燃料。"他提醒我们，不要认为压力只有不良影响，应多去开发压力的有利因素。适当的压力并非坏事，若压力调适得当，会转化为动力，不仅能减少疾病的发生，使自己活得更舒适、更有意义，还可驱使我们去挑战自己的能力，激发个人潜能。

№.6 压力带来的快乐

有时，我们并不害怕对我们有害的东西，例如 X 射线，人们都知道对人体有害，但人们并不惧怕，这是为什么呢？

科学家认为，人需要激情、紧张和压力。如果没有甜蜜或痛苦的滋养，人的机体就根本无法存在。对这些情感的体验有时候就像药品和毒品一样让人"上瘾"。适度的压力可以激发人的免疫力，从而延长人的寿命。实验表明，如果将一个人关进隔离室内，即使让他感觉非常舒服，但没有任何情感的体验，也会很快发疯。

此外，适度的冒险可以增强新陈代谢能力，改善大脑营养，增强抵抗力，最主要的一点是使肌体摆脱沉重的压力。正因为如此，人们对恐怖影片、高山滑雪、蹦极、攀岩等的酷爱有增无减，儿童在晚上常常要成年人给他们讲述神话和恐怖故事，这是对付生活中真正悲剧的一种特殊"疫苗"。

一些心理学家认为，有一类人，危险对于他们有很大的诱惑力。以色列科学家前不久的发现从另一方面证明了这一点：在吸毒者、兴奋型比赛选手、酗酒者和赛车手体内存在不同形态的基因，这些基因能在大脑中产生一种多帕氧化酶，这种酶使人寻求新奇和刺激。

　　科学家后来还发现，寻求刺激与大脑中的另一种酶——酪胺氧化酶过低有关。这种酶直接影响到对快感的传递。当这种酶不足时，就产生了人为将其提高到正常水平的愿望。科学家从人体自身的一些生理现象研究出人有时能够超越自己的生理极限。这些例子屡见不鲜。在美国的一个旅行者在乡间旅行时，遇到泥石流，情急之下，他的奔跑速度居然打破了世界记录（他的朋友用摄像机对这一场面录了像）。一位英国的冒险家在旅行途中遇到了地震，被埋在了混凝土中，他自己竟然将一块半吨重的混凝土移开。而这些行为在平淡的生活中他们是不可能做到的。

　　很多人都知道，保险推销可以说是世界上最难干的职业，日复一日、年复一年地扫大街、敲门，遭人白眼、冷遇、拒绝甚至侮辱是保险推销员的家常便饭。然而世界推销大师原一平却说自己是一个快乐而充实的推销员，为了赢得一个顽固不化的大客户，他曾经在3年8个月的时间里，登门拜访70次都遭到拒绝的情况下，最终锲而不舍获得成功。在一次演讲中他激情地这样诠释对工作与快乐的理解和认知："我拼命工作不是为了一日三餐，不是为了他人的评头论足，而是为了追求挑战的快乐。一个顽固的客户就是一座向我挑战的山峰，同时也埋下了让我快乐的种子。因为我必须向他发起挑战，征服了这个顽固的客户之后，职业人生中还有什么困难不能克服呢！人生就是一连串面临克服挑战的过程，克服了一个挑战，再面临另一个新的挑战，再去克服它，在这连续不断迎接挑战的过程中，学习到了知识，丰富了阅历，增长了才干，创造了财富，这是人生最大的快乐！"

　　我们知道，只有不甘于平凡生活的人才会去冒险，除了想得到高的回报外，其实更主要的是那种生活才有滋味，就如同有人喜欢喝苦咖啡一样。

　　人冒险时，心里面会有压力，当然这种隐隐约约的压力是会激发人的主动性，积极性的。一般主动冒险者，这种压力是他们快乐的源泉，他们可以乐此不疲。而至于被动的接收风险的人，倒有可能产生过渡的焦虑、不安，惶惶不可终日，当然关键点还是人的心理素质，是乐天派，还是悲观派的。

No.7 生活因压力而美丽

我们都知道，人类的进化是从猿开始的，亿万年前，猿类生活在森林里，过着像许多哺乳类动物一样的生活。后来因自然条件的恶劣，一部分猿离开了森林，寻找另外的生活方式。经过百万年的进化，他们开始学会用腿行走，用手劳动，逐渐演变成人。

人的演变是一个美丽的过程，因为是这个演变使地球拥有了新的主宰者。但如果没有自然条件恶劣这样的压力，又怎么会有人的出现呢？可以说，一切生命都因压力而美丽。

几千年前发生在越国和吴国的那场战争，我想不少人都知道。因为越国的军事实力远远落后于吴国，所以吴国将越国击败，并俘获了越国国王勾践。被俘后的勾践并没有自甘堕落，而是想尽一切办法取悦于吴国夫差，得到了他的信任。最终被放回越国，回国后，勾践并没有享乐，而是不断给自己制造压力，终日卧薪尝胆，努力富国强兵，结局不用说大家也一定知道，勾践取得了最伟大的也最美丽的胜利，他打败了吴国，一雪多年来的耻辱。可见，压力真的能铸就美丽。

在压力和逆境中不断探索永不言败最终有所成就者，并不仅有勾践一人。被称为第二个爱因斯坦的伟大科学家霍金，同样是一个在压力中成就美丽的人。他20多岁时便得了一种脊椎疾病，医生预测他的生命将不会超过两年半。得知这个消息后，他不是一味的怨天尤人，而是每天坚持锻炼。多年过后，他没有死，更令人们惊叹的是，他还在天文学方面为人类做出了巨大的贡献。出版了自己的天文学书籍——《时间简史》。

霍金的人生是最美丽的，他虽然只能呆在轮椅上，但他的思维，却飞出了病房，飞出了地球，飞向了宇宙。压力帮助他成就了如此美丽的人生。

大多数人惧怕压力，试图逃避压力。可是，生活中是不可能没有压力的。没有压力的人生是乏味的，缺乏色彩的，就像一道菜缺少了调料就不会受到欢迎。有些人因为缺乏压力，生活得碌碌无为；有些人因为肩负压力，反而生活得精彩纷呈。

史玉柱是中国最具传奇色彩的优秀企业家，他从一个计算机专业毕业的高材生一跃成为中国响当当的风云人物，其个人经历可谓经历了大喜、大悲再到大喜的过程。

20世纪90年代初期，史玉柱就已经是一位优秀的民营企业家，但由于一次重大投资失误，史玉柱的巨人集团顷刻崩盘。史玉柱本人也从中国的首富一下子跌落到中国的"首负"，个人负债以亿元计算。这么多的债务对一般人来说，要想翻身比登天还难。但史玉柱没有放弃，他默默承受着这一切……

两年后，一个新的巨人集团诞生了。这两年当中，史玉柱开始重新创业。他带领一批巨人旧部开始做脑白金，在短短的两年时间内，就把脑白金打造成中国著名品牌。2000年，脑白金获得全国保健品单品销售冠军，创造了年销售10亿元的奇迹。2001年，史玉柱还清了2.5亿元债务，并将"敢于承担个人责任"写进新巨人集团的经营理念，用行为宣示了"追求诚信才能东山再起"的游戏规则。在民营企业家命运沉浮变幻中，史玉柱再次崛起的故事，突显出"执著与毅力"的魅力与价值。

史玉柱的故事说起来简单，听起来精彩。他的事迹最为人称道的不是他有多少钱，而是他的跌宕人生，就连他自己也为自己的传奇人生而骄傲。"压力成就人才，人才成就企业"这句话一直是史玉柱所称道的。

时常能听到身边的朋友诉苦：生活多累、工作多苦、物价多高……然而，正是因为身负压力，你才更加深刻地懂得了只有始终不懈地努力着、奔波着、承受着，才有可能达到人生闪光的顶点。

压力常常是外在而有形的。它是书包里沉甸甸的希望；是亲人亲切温馨的鼓励；是领导殷切的目光……压力没有温和的笑靥，然而只要你勇敢的迎接、真诚的付出、执著地追求，便会从压力中获得丰厚回报。就如你攀援险峻的绝壁，历尽万苦千辛傲立于峰顶时，你将会感到陡峭的山峰是无比的壮美，你也会品味到取得胜利时心中的无尽惬意。这就是压力，它激发了弱者的勇气，磨砺着强者的意志。

压力又常常发自于内心，是无形的。正由于它隐藏在你的意识之下，所以才更加可贵。它是深夜桌前的烛光，是海水拍石时溅起的浪花，永远激越地跳动着。

人生正因为有起落才会感到有压力，因为有压力才会以不服输的力量向上进去。有压力的人生才是完整的，因为压力让你体会到拼搏路上的辛酸，让你体会到泪水与汗水的苦涩。有压力的人生才是轰轰烈烈的，试想一个人若一路上平平坦坦，没有一点儿坎坷，他会干出惊天动地的大事吗？有压力的人生才是精彩的。正是因为身负压力，你才更加深刻地懂得了只有始终不懈地努力着、奔波着、承受着，才有可能达到人生闪光的顶点。

有压力的人生更精彩，不是吗？

生活在一个竞争的社会，各方压力纷至沓来，各种压力无处不在。就业压力、工作压力、生活压力、心理压力……每一种压力无不困扰着我们的每一根神经。谁也逃脱不掉，谁也回避不了。

天底下最难的莫过于一个"度"字。压力也是一样，它就像小提琴的弦，绷得太紧，就会断掉；绷得太松，就演奏不出优美动听的音乐。人生不可能没有压力，也不能没有压力，但也不能被压力压垮。攀过山，才知道山的险峻；见过海，才了解海的壮阔。

没有压力，就不会有精彩的人生；不承受压力，就不能享受成功的喜悦。压力的存在，犹如道路平坦过后出现坎坷；天气晴朗之后显现阴霾。不经历风雨，怎能见彩虹。世间的每一次成功，无一不是在压力作用下取得的。有了压力，思想才能迸出火花，进而点燃激情，释放潜能，成就人生。

No.8 失败是不是财富取决于你

"失败是成功之母"并不是一句空话。一个真正善于学习的人,不仅仅要学习正面的成功事例,还必须懂得从失败中学习。如果能够从失败中吸取教训,积累经验,就能转败为胜,由失败走向成功。

迈克·戴尔说:"我们一向把错误当成学习的机会,重点是要从所犯的错误中好好学习,才能避免重蹈覆辙。"

失败是工作没有达到预定的目的。在实际生活中,成功容易理解,失败似乎难以理解。人们为什么研究失败,寻找失败的轨迹呢?既然事情已成定局,再去研究,还有什么必要或是意义呢?任何成功,都经历过或大或小、或多或少的失败。一定意义上讲,人的成功,是以失败作铺垫的。能从失败的血和泪的经验中总结出来的经验和教训,肯定会比从成功中总结出来的更刻骨铭心一些,也更有价值一些。在选择面前,拥有丰富失败经验的人可能会比拥有丰富成功经验的人更有价值一些。

有个人在高手云集的求职中出乎意料地被选中了,他的资料是:专科学历、中级职称。表面上看,这样一种资历好像在优秀的大企业里并不突出,因为有那么多高学历、多证书、相关工作经验丰富的人才竞相求职。那么他何以被选中的呢?原来,他有其较为特殊的经历:他虽然学历不高,证书也没有多少,只有一个,但是他却有11年工作经验,曾在18家公司任过职。让人惊讶的是他并没有跳槽,而是那18家公司先后倒闭了。

可能人们多会认为他太不走运,但是他却不这样看。他对主考官说:"我对那18家公司很了解,当初也和其他人一样奋力挽救公司,力求让它能够发展下去。虽然我们最后都未能实现这一点,但是我却从公司的错误与失败中学到了很多东西。对我来说,这是我多年工作的一大笔另类的财富。"接着,他又说道:"这11年经历的18家公司,培养、锻炼了他对人、对事、对未来的敏锐洞察力。举例来说,"他暂停了一下,看了一眼在旁边为主考官们倒水的老人,"那为沏茶的老人可能就是贵公司的总裁。"

结果在场的人无不震惊。那个老人笑呵呵地走上前去,拍拍他的肩膀说:"好眼力,年轻人,我们公司欢迎你!"人们用惊叹的眼光看着他,自叹弗如。

正因为我们尝试过,才更明白怎么做能更快地达到成功,实现所愿。世界著名成功学大师拿破仑·希尔回顾将近30年的亲身经历,认为本人曾经7次遭遇转折点——也就是一般人通称的"失败"。他告诫人们,每一个转折点皆使他更为接近成功的终点,并为他带来某些极为有用的知识;并且,这些知识成为他生活哲学中永远存在的一个部分。再是向别人学习失败。九棵松集团总裁认为,学习失败,就是要从别人的失败中汲取教训。以他的感受,正确对待荣誉,就是学习失败;学习失败,低调做人;要始终脚踏实地,也是从另一个角度学习失败。

研究失败,非但不会消磨个人的自信,还会提高成功的几率。学习失败,否则失败于学习。当然,我们这里所指的失败,是在工作的摸索中的失败,而不是在跟风中失败,或在模仿中失败。后一种失败,甚至连怎么败的可能都不明白,更别提把失败变成人生财富了。

总体看来,有些失败是人为的主观因素,例如盲目自大,做事浮躁、经验不足等。有些则是对事情的不了解,因而采取了错误的处理方式。无论哪种,我们必须正视自身的不足与缺点,才会学到经验教训。若是对失败避之唯恐不及,宁愿虚荣地伪装自己,也不愿面对自己的缺点和失误,这样的人将一错再错,最终一事无成。

相反,若是正视失败,便可突破思维惯性,找到成功的方法。

有个书商出版了一本书,但是市场效益不高,销售不出去。思来想去,这个书商想出了一个绝妙的主意。他拿着这本书,三番五次地向总统征求意见。总统公务缠身,每天日理万机,当然不太可能接受他的请求,无奈之下,便回了一句:"这书还行。"书商闻听此言,如获至宝,急忙打出广告"现有总统喜欢的书出售。"于是这些书被一抢而空。

　　过了些时日,这个书商又有书销售不出去了。他又像上次那样找到总统,总统这回十分谨慎,嘲笑他说:"这本书糟透了!"不料,书商打出一个广告,"现有总统讨厌的书出售!"人们出于猎奇心理争相抢购,书又售尽。

　　真正思考过的东西才是难忘的,而我们缺乏的恰恰就是向失败学习的能力、恒心、执着和习惯。这个就是一个很重要的能力!不甘心失败,向失败学习,视失败为实践的反馈,你才能从失败中发现成功。

　　对于每个员工而言,如果不去尝试、不去追求,就永远只能是一个普普通通的员工,永远受雇于人,永远也没有前进的可能。这样的人遇到难题的时候,往往直接将其交给上司,让他们去定夺,去解决。自己只是盲目、简单地执行。他们偶有失败,也会在尝试几次之后自动放弃。在他们眼里,多一次失败就多一次让他人嘲笑的机会。

　　他们没有把不思进取看做耻辱,反而将一次次的失败当成丢面子的事。正因为如此,他们才永远站在穷人的边缘过碌碌无为的生活……

　　有人说:没有失败的人生是庸俗的人生,是失败的人生,确实如此。人,没有经历失败,就不会体味到失败后成功的喜悦及失败过程中的磨练、成长。成功的人所经受的磨难比失败者更多。成功者在聚光灯之下往往喜欢夸夸其谈,但只有他们才真切地知道,到底是什么东西曾绊倒了他。

　　失败是成功之母。成功固然值得期待,但失败也值得尝试,就像求职故事里的第一个被录取的人一样,学习失败,为了成功。

　　记住,坚持向失败学习便是坚持向成功迈进!

Chapter 02 你的压力从哪里来

压力是一个复杂的东西,有外在的真实的压力,有内在的无形的压力;有好的压力,也有坏的压力,看清它,利用它,让你的工作轻松起来,让自己成为一个快乐的人。

№.1 你的压力从哪里来

所谓压力就是我们判定一个事件具有威胁性、挑战性或对我们构成危害的过程,也是我们对这个事件作出生理、情绪、认知或行为反应的过程。简言之,当我们感到生活中的某个事件对我们的身心健康构成潜在威胁,又无力去回应的时候,压力便产生了,并伴随出现一连串生理上和心理上的反应。

如果从心理学角度来看的话,压力一定是和这个人本身的心理状况有关的。所以压力可以说是我们感到自己无法应付的一些外在的事件或者是情景。

1. 压力的形成

生活中,常有些令自己不愉快、痛苦、生气、担心的事件,或是没来由的念头,导致我们感受压力。压力是怎么形成的?稍做归纳,压力可能源自于客观的外在事件;也可能起因于主观的个人想法:

客观的压力来源,常见有"挫折"、"冲突"、"压迫感"、"改变";主观的压力来源,则为"个人非理性的想法"。

(1) 挫折。

延迟:例如期待完成的事情,却在预定的时间内无法完成,没有达成预定的目标。

资源的匮乏:例如缺少实现梦想的物质基础,缺少必要的可以彼此帮助的朋友。

失落:例如重要物品的遗失、重要他人的死亡或离去、竞争激烈面临失业等。

失败:例如反复努力仍达不到自己心中理想的目标或地位,自信心受挫。

受差别待遇:例如受到"歧视",没有得到公正对待。

(2) 冲突。

双趋冲突:必须从两个喜欢的事物中选择一个,但无法做出一个完美的选择。"鱼与熊掌,不可兼得。"

双避冲突:必须从两个讨厌的事物中选择一个,但无法做出一个完美的选择。

趋避冲突：必须选择自己讨厌的事物，而放弃喜欢的事物。例如：想要考上理想的大学，但一想到厚厚的书本就感到害怕。

多重趋避冲突：同时必须面对两个以上的趋避冲突，无从选择。

（3）压迫感。

竞争与比较：例如同事之间的竞争，同学之间的攀比，薪水微薄，晋级无望等。

时间的压迫：例如接近完成计划的日期迫近，或需要花费的时间过多。

过度的负担：例如负荷超过个人工作量或工作能力的事情。

人际关系的压迫：要么人际关系紧张，自己处于被孤立地位；要么缺少必需的人脉。

（4）改变。

人际关系、身心健康、周遭环境、工作生涯、生活习惯、社会时代、政治制度、经济状况等的改变，让自己陷入迷茫的境地。例如突然从一个不错的工作岗位失业，虽然工作的压力没有了，但经济压力一下子来了，导致心理上的不适应。还有，如一个人从一家公司跳槽到另一家公司，新环境导致的不适应，精神状态的重新调整等。

（5）个人非理性的想法。

"应该……"、"必须……"、"一定要……"：认为凡事都要有某种结果、任何人都要怎么做才是对的，缺乏弹性。这样的想法往往导致你在处理某些问题上很僵化，不懂得进退自如，如自己本应该是年终最佳员工的获奖者，为什么是别人，领导应该围绕着我展开工作计划才对，事情不应该是这样子！

2. 压力带来的反应

有些过度压力的迹象很容易辨认，但也有许多迹象并非如此。如果你能够培养对这些迹象的敏锐感觉，你就能判断自己到底是个正常的焦虑者还是个有问题的焦虑者。压力可以从 4 个方面影响你和你的身体："生理反应"、"心理反应"、"情感反应"和"行为反应"。

（1）生理反应：心跳加速、呼吸加快、瞳孔扩张、心智活动增加、血压增、高焦虑感增加、容易肚子饿、不易疲倦、说梦话、生病……

（2）心理反应：常见的心理反应包括心身症、恐慌症、强迫症、忧郁症……

（3）情感反应：压力表现在情感上的一些迹象包括：易怒和缺乏耐心、沮丧、害怕、低微的自尊、嫉妒、丧失工作兴趣。如果你感到似乎无法控制自己，并且在目前的状态下很容易受到伤害，那么你可能正在经历焦虑等所特有的一些症状。

（4）行为反应：压力表现在行为上的一些迹象包括：饮食习惯的改变（吃得过多或过少）、喝更多的酒、踱步、不安宁、抽烟增多、磨牙和（或）咬指甲、开车时争强好胜。尽管咬指甲和磨牙并不是特别危险的习惯，但它们却反映出内心的骚动。对你和你周围的其他人而言，上面列举的另一些症状可能更危险和令人不安。

3. 压力的类型

生活中存在不同类型的压力：急性压力和长期性压力。

安排会议或在驾驶途中车胎爆裂等突发性事件，会导致急性压力的产生。这种压力是有终结的，一旦事情结束，压力也随之终止。

那些经常一下接揽过多项目或工作的人就容易发生零星发作的急性压力。从总体上看，急性压力是积极的，因此也称为"有效压力"。随着急性压力得以宣泄，好事也就紧随而至，哪怕在短期内我们会感觉比较糟糕。这类压力让我们发挥出自己的最大能力，在规定的限期内完成任务，也能鼓励我们发挥潜能，对摆在我们面前的问题找出富于创意的解决方式。有效压力的事例包括雄心勃勃的项目、积极的生活事件、积极面对恐惧疾病……实际上，一旦压力性事件引发了我们情感、智力、心灵的成长，这样的压力就是有效的。与其说是压力本身，不如说是你对压力的反应决定了该压力的有效性或无效性。

相应的，长期性压力一般为无效压力，这种压力由乏味、不活跃的生活以及持续的负面环境等造成。一般来说，当压力性事件无法引导我们的成长时，那你遭遇的就是无效压力。负面事件不见得最终就能产生积极的结果，同样，这些事件产生的压力也可能导致长期性的疾病。一些无效压力的实例包括：未完成的工作、不成功的人际关系、行为能力的丧失、长期的失业和贫穷、找不到改变境况的机会……

我们只有清楚地认识到压力的真面目，对症下药，有的放矢，才能找到解决的办法，从压力产生的根源着手，才能有效地舒解压力，不受压力所摆布。

No.2 给压力做个盘点

压力永远都不会消失，就像呼吸一样，如影随形，无从逃避。每个人在每个生命阶段都会有压力相伴，不同的只是性质与强度。那么，怎样才能知道你感受到的压力是否适度呢？怎样才能知道自己在工作中是不是一个有问题的焦虑者呢？

简言之，如果焦虑或压力干扰了你卓有成效地工作，你就确实有问题了。有问题的焦虑者会夸大其恐惧，把过多的时间花在毫无用处的担心上，人们无法做出决定，而且不能很快取得成果。

如果你怀疑或已经知道自己有了压力问题，你就应该开始通过考察自身所处的环境及对环境的反应，来着手评估这个问题的严重程度。自己到底有多少压力？分析一下，到底哪些压力才是大压力？实现压力的自我觉醒，有助于我们找到主要矛盾，找到减压的着力点，寻求轻松一点地工作、学习和生活。压力自我盘点的方式有很多种，让我们先看看"生活事件与心理压力程度测试排名量表"，如表2-1所示。

表2-1 生活事件与心理压力程度测试排名量表

序号	生活事件	压力分数
1	配偶死亡	100
2	离婚	73
3	夫妇分居	65
4	受伤或者生病	53

续表

序号	生活事件	压力分数
5	结婚	50
6	失业	47
7	退休	45
8	家庭成员的健康变化	44
9	怀孕/性困难	40
10	经济状况发生变化	39
11	新增加家庭成员	39
12	亲朋好友死亡	38
13	换工作	37
14	夫妻争吵	36
15	工作职责改变	30
16	子女离家独立	29
17	显著的个人成就	29
18	学业开始或结束	26
19	与领导关系不好	23
20	工作时间和条件改变	23
21	睡眠习惯变化	16
22	辞职	13
23	节日	12
24	轻微违法	11

　　总分越高表明你所承受的压力越大。但也不是分数低就一定是最好。因为"无聊"也是一种压力。

　　50分以下：如果你的压力分值在50分以下，却仍觉的有压力，表示你的生活太无聊了！应该参与一些和"人"接触的活动。仔细想想你有什么兴趣、爱好？或者尝试更具体的挑战活动，也许会很有益处。

50～150分：这是比较正常的范围。如果在这个范围内你还感到有压力，可能是你的期望太高了。试着耐心阅读一本书，或者找心理辅导员聊一聊，让自己适应正常的生活步调。

150～300分：这个范围还算稳定，但你的生活仍过于紧张忙碌。如果你的压力集中在某一单一偶发事件，也许半年后等事件过去后你的压力值会回复到正常范围（50～150）。如果大部分的分数来自屡发事件，请认真计划，尽快去除压力源。

300分以上：经常被迫做大幅度的适应调整的你，容易生病、受伤，也容易发生意外。这个分值表示你不仅心灵深受折磨，身体的方位机能也在逐渐消失。如果不作调整将出现难以挽回的局面

也有的心理医生建议测压者可以画一张压力自画像来测试自己的压力。

先坐下来冥想一分钟，感觉一下自己从头到脚，哪个部位有压力、最累，在自己的画像上标出这个部位；

在这个部位上标注压力的大小，比如是像一座山，还是像一个篮球那么大；

再感觉一下压力是由哪些内容组成，比如是与上司的关系，同行竞争，还是夫妻关系，把刚才画出的压力"那座山"或"那个篮球"分隔成许多格子，填满你所想到的这些压力来源。

接下来，进行压力自我分析（如果在专业人士的指导下进行更好）。

拿一张纸裁成两半，一半列出那些自己能克服的压力；另一半列出那些自己不能克服的压力。

对自己能克服的压力，一一写出能够采取的有效措施、方法；对自己不能克服的压力，为它们找到自己有哪些社会支持系统可以帮助自己克服。也可以借助压力自测表，进行压力自我测试，关注一下自己的压力水平是否到了应该引起重视的程度。

做这些测试的时候，我们无非是想知道，到底我们的压力如同我们想象的那么大，还是根本就没有压力，完全是杞人忧天呢？如果压力的确达到了不容忽视的地步，我们必须寻求解决的办法，如果根本没有想象的那么严重，那就完全没有必要为莫须有的压力所累，影响到工作、学习和生活。

No.3 压力的三个阶段

一般来说，身在职场中的人，压力可分为急性和慢性。前者指突发性的职场事件或政策变化所造成个人工作经验的改变，后者则与长期累积性职场人事物所导致的个人工作经历耗损有关。但同样曾造成各种职业性精神疾病和职业压力症候群，因个别工作人员的人格特质和反应方式不同而有各种症状表现。

通常承受压力者要经过三个阶段的磨砺：

一是初始受压阶段。在这一阶段，受压者刚刚接触到压力，大多有一种无所谓的感觉，并没有真正重视压力的存在，因此，也不会产生什么心理负担。

二是承受重压阶段。这一阶段随着压力的不断增大，有时甚至于超过了受压者的承受能力，承受压力的人会感到心情烦躁不安，即使是自控能力好的人，有时对压力也会产生一种逆反心理。

三是渐进转移阶段。到了这一阶段，人们已经增强了承受压力的能力，也已习惯于顶住某种压力，并且已经做好了迎接新的压力的心理准备，这时，压力已经不是某种负担了，而是一种潜在的驱动力。

来自家庭的压力有些时候更甚于来自外界的压力。主要是有些人的处理方法不得当，他们不是在引导中加压，而是一味的刺激或采取一些不恰当的方式，这样的结果只能是适得其反。来自社会的压力，是指相比之下，环境、条件、社会背景的差异，对人们造成的心理障碍。向自我施加压力是一件坏事，也是一件好事。说它是一件坏事，是因为有些人过于看重得失，缺乏自信心，由此产生一种自卑心理，反而导致业绩不断地向下滑落；说它是一件好事，是因为对自我加压能够使个人状态保持在一定的界限之内，也就是说以不压垮自己为准则，朝着既定的目标不断奋进，这种自我加压当然是有益无损的。

只要你能正确对待"压力"，"压力"也能变成"动力"。在一定"压力"的作用下，人的大脑机能会更活跃，人的思维会比平常更加敏捷，也能消除人们惯有的那种惰性，使之习惯于生活在一种紧迫的环境之中，从而形成一种新的定式，难道这还不能算是一种动力吗？人是在压力中成长的。

No.4 压力的两面性

我们都知道，两个足球队进行一场比赛，占据主场的球队被认为是有利的一方，因为山呼海啸的助威声能极大地提升主队的士气，给客队造成无形的心理压力。但有的时候，占据主场之利的球队却又常常遭受败绩，这其中，除了实力和运气的因素外，主场的氛围也会给主队带来巨大的心理负担，重压之下难以发挥出真实的水平，这就是事物的两面性。一个挑山工每天要挑上几百斤的重担上山下山。天长日久，脊柱受到严重的损坏，但你发现，他的小腿却异常结实粗壮，这也是事物的两面性。

压力是一种个人主观的感觉，发生于当个人的内外在环境产生某种变化或要求，当压力程度符合个人承载能力的时候，确实具有积极的作用，而当压力程度超过个人能力与可用资源所能解决因应之时，压力通常让人感到不舒服，因而使得人们遇到压力时，很容易就产生抗拒甚至逃避的心理。这也是压力的两面性。太多负面的压力能压垮一个强壮的人，让人彻底丧失战斗力，太少的压力又会让人注意力不集中，做事缺乏激情与进取心。

有一个希伯来商人让他的骆驼驮了很重的货物，他对自己的同伴炫耀说："伙计，瞧瞧吧！我的骆驼多能干啊！"他的同伴说："伙计，你的这匹骆驼是很能干，可它也已经驮到极限了，你看它的腿在哆嗦呢！我敢保证，如果再加一根稻草，就足可以把这个可怜的家伙压垮了。"商人很不服气，说："尊敬的伙计，你也太小瞧我这匹骆驼了，你看它威猛无比，我就不信一根稻草能将它压垮。"同伴说："那就见证一下吧。"说着同伴捡起一根稻草，往骆驼背上轻轻一放，果然，这匹威猛而能干的骆驼轰然倒下。

这头骆驼终于不能忍受巨大的压力而倒下了，反过来设想一下，如果这个商人养骆驼像养宠物一样对待，好合好喝地饲养，不让它干一点点活，到了使用它的时候，那骆驼还能驮起它本应驮起的重量吗？

压力也是一把"双刃剑"，而决定这把"剑"是正价值还是负价值的，则是"压力度"的掌握与控制。正价值主要在于压力水平的适中，让我们能够从容面对，又能激发内心的动力；而负价值主要在于压力水平过度，依次造成生理、心理和行为三个方面的紧张症状。其中，心理症状可以说是压力最简单、最明显的心理影响后果。

人的一生中，人们随时会碰到困难和挫折，甚至还会遭遇致命的打击。在这种时候，就要看你站在事物的哪一方面看待了。

郑女士和崔女士同样在市场上经营服装生意，她们初入市场的时候，正赶上服装生意最不景气的季节，进来的服装卖不出去，可每天还要交房租和市场管理费，眼看着天天赔钱。这时郑女士动摇了，她以赔了3000元钱的代价把服装精品屋转让了出去，并发誓从此不再做服装生意。而崔女士却不这样想。崔女士认真地分析了当时的情况，觉得赔钱是正常的：一是自己刚刚进入市场，没有经营经验，抓不住顾客的心理，当然应该交一点学费；二是当时正赶上服装淡季，每年的这个季节，服装生意人也都不赚钱，只不过是因为他们会经营，能够维持收支平衡罢了。而且，崔女士对自己很有信心，知道自己适合做服装生意。果然，转过一个季节，崔女士的服装店开始赚钱。3年以后，她已成为当地有名的服装生意人，每年可有5万元的红利。而郑女士在3年内改行几次，都未成功。

看来，事物都有其两面性，问题就在于当事者怎样去对待它们。上面提到的郑女士只看到赔钱的一面,而看不到将来会赚钱的发展前景,不能以积极的态度去分析事物;而崔女士的态度则是积极的,她更多地从将来的角度看待当前的不景气,所以,她能顶住压力,坚持到成功。

强者对待事物,不看消极的一面,只取积极的一面。如果摔了一跤,把手摔出血了,他会想:多亏没把胳膊摔断;如果遭了车祸,撞折了一条腿,他会想:大难不死必有后福。强者把每一天都当作新生命的诞生而充满希望,尽管这一天有许多麻烦事等着他;强者又把每一天都当作生命的最后一天,倍加珍惜。

压力本身是客观的,人总是要有压力的——压力横竖要来的。着手改变你的思维和习惯,从积极的一面看待事物,能避免的压力则避免,不能避免时用健康的方法面对压力。别让压力像暗拳一样把你打倒,妨碍你争取成功。

No.5　换个角度你会看到不同的风景

人们普遍认为压力是问题引起的,其实引起压力的真正原因是一个人看待问题的角度。事情的本身并无绝对的压力可言。同样一件事情,张三认为有压力,而李四却认为是挑战乐趣。能避免别人所遇到的压力的人有个共同特点,就是他们不管在什么情况下都能保持一种正确的视角。欧尔·威乐逊把"视角"称为"把当前或即将到来的事情放在一个更大的参照系统中思考的能力"。视角是无可替代的。下次你因小小的困难就开始感到压力时,请记住那个更大的参照系统。这样,你就可以看出事情的真相,而并不是像你所担心的情况那么严重。有两个小故事颇能说明这个道理:

一个国王做了个非常奇怪的梦,他梦见自己的牙齿一颗颗地掉光了。国王醒来后,找来一个释梦者。释梦者听完国王的讲述后说道:"陛下,这个梦是个坏兆头。您的牙齿一颗颗掉光,这表示您的家人将会一个一个地先于您死去。"

国王听后大怒,命令将释梦者关进监狱。此后的日子,国王忧心忡忡,不思茶饭。

后来，国王又传令再找一个释梦者。新的释梦者听完国王对梦的描述后说："陛下，这个梦是个好兆头啊！您的牙齿一颗颗掉光，这表示您将比您家里所有的人活得都长。"国王非常高兴，给了这个释梦者大笔赏钱。

大臣们不解，问这个释梦者："你说的跟前一个释梦者说的是一个意思，为什么他受罚而你受赏呢？"释梦者说："我们两个人对梦的解释是相同的，但是，解释的角度却完全不同。"

还有一个故事：有这样一个老太太，她有两个儿子，大儿子是染布的，二儿子是卖伞的，她整天为两个儿子发愁。天一下雨，她就会为大儿子发愁，因为不能晒布了；天一放晴，她就会为二儿子发愁，因为不下雨二儿子的伞就卖不出去。老太太总是愁眉紧锁，没有一天开心的日子。一位哲学家告诉她，为什么不反过来想呢？天一下雨，你就为二儿子高兴，因为他可以卖伞了；天一放晴，你就为大儿子高兴，因为他可以晒布了。在哲学家的开导下，老太太以后天天都是乐呵呵的，身体自然健康起来了。

这两故事实际上告诉我们，压力本身并没有积极或消极之分，之所以带来那些消极影响，是因为人们常常消极地解释了压力。看来，问题本身并不存在问题，而是我们的角度出了问题，如果找不到正确的视角来解决，它才是最大的问题。

其实，我们可以换一个角度来积极地看待压力，重新积极地解释和定义，这样压力就可能成为你积极向上的心理动力。如果你把压力看作是对自己的打击，那么，它只可能使你的生活和事业变得更加沉重。

任何一件事都有两面，压力也是如此。如果只看到坏的方面，那就会令自己越来越绝望；如果换个角度看待它，便可以让自己灰暗的心境亮堂起来。

据说美国总统罗斯福的一个朋友知道罗斯福家里失盗后写信安慰罗斯福，罗斯福回信时这样说道："亲爱的朋友，谢谢你来信安慰我，我现在很快乐，感谢上帝，第一，贼偷的是我的东西，而没有伤害我的生命；第二，贼只偷了我的部分东西，而不是我的全部；第三，做贼的是他，而不是我。"

说得多么经典啊！当人们身处来自工作、家庭、社会及自身的种种压力中时，看待问题容易片面化。相反，如果你换个角度，把压力看作是对自己的激励，这种心态就会使压力成为动力。面对压力，我们不妨尝试着去想：正是这些压力帮助我更努力地去做自己的工作。随着你对心理压力的积极再定义，你的生活和工作也会悄然发生变化，压力也会逐渐缓解。

让我们看看下面这两个例子，看待压力的不同态度，产生的结果也截然不同。

小赵是某合资公司的业务经理，他几乎每天都要工作到深夜，早晨7点还要起床，开始一天的紧张工作。仅有的几个小时睡眠也常常是混乱不堪的，即使睡着，满脑子想的也都是工作的事。每接手一个项目，他的神经就进入高度紧张状态，脑子里时刻都在琢磨怎样设计这个项目才更合理、更经济。每当这时候他都特别郁闷，心烦，总想一走了之。一年后，不堪重负的小赵辞了职。

而和小赵年龄和经历相仿的晓华，用另一种方式面对压力。

任某外资企业北京分公司经理的晓华，是个很懂得平衡工作与生活的"白骨精"，她会尽量不让工作占用自己过多的休息时间，业余时间会用来美容、和男朋友约会或者看书和发呆。这些都能帮助她为自己调整心态和充电、减压，然后就能更有效率地投入到工作中去。

她承认，即使这样仍然会遇到自己的烦恼。比如，每当接到一个任务，当感觉自己没有十足的把握去完成它的时候，也会变得紧张、忧郁，夜里失眠。不过晓华明白，一味沉溺于这种状态，只会令人陷入混乱。在她眼里，工作压力不是负担，它就像需要自己一个一个去攻克的课题，每当想出种种办法把问题解答出来的时候，晓华都会感到非常开心。随着阅历和经验的积累，晓华解决问题的能力得到了提升，解压和抗挫折能力也大大增强了，总能把各种压力化于无形。

对待压力，不同的人有不同的反应。有些人被压力压垮，但另一些人则善于借压力成事，取得一番作为。

我的一个白领朋友总抱怨说他的领导经常挑他的刺儿，每次都把最难啃的骨头丢给他，专门"整"他。我问："通过你的领导'整'你，你现在怎么样了？"他说现在单位上大家都认为他是一个好手，什么难题都能解决。我说："我们换个角度看这个问题，如果领导从来不'整'你，不把难题交给你'啃'，你今天会表现出这么强的工作能力吗？"朋友一听乐了，说："我为什么要为我的成就而郁闷呢？我为什么就没从这个角度想一想呢？"他此后再遇到类似的事情，总是会心平气和地坦然接受。

能避免别人所遇到的压力的人有个共同特点，就是他们不管在什么情况下都能对压力保持一种正确的视角。我们常常感叹，压力越变越大了。其实，改变的不是压力，而是我们的看法。如果你总是能够换个角度去看压力，把压力当作是"天将降大任于斯人"之前的考验，那么，这种心态就会使压力成为动力。

正如一个人患了感冒，当他觉得患感冒是一件倒霉的事情时，糟糕的心情就会使感冒变得更严重；如果他尝试着令自己心情愉快起来，反倒容易康复。面对压力，我们不妨尝试着去想"我喜欢心理压力，正是这些压力帮助我更努力地去做自己的工作"。随着你对心理压力积极地再定义，你的生活就会悄然发生变化，你的心理压力就开始缓解，那时你会发现，压力其实也挺"可爱"。

№ 6 自己憋出来的压力

一提到北京大学，很多人都会想到那是中国最优秀的大学，走出校门的学生都是精英，从事的职业都是体面的工作，拿着不菲的薪水。但如果说，北京大学的学生毕业以后回家卖肉，大多数人会不相信。2003年，国内各大媒体纷纷报道北大"才子"陆步轩当街卖起了肉的故事，人们纷纷惊讶不已。

面对媒体的采访，陆步轩坦然而坦荡，并不认为这是一种羞耻，他把卖肉当作生活的一部分，是谋生的手段，也是一种职业。

在当下这个就业困难的竞争社会，许多人在求职的过程中，四处碰壁，纷纷嚷着就业压力大，没有好工作，没有好前途，不愿意从最底层做起，眼高手低难吃苦，一心只想找个完美的工作。一旦愿望没有达成，就郁闷、失落、痛苦，产生极大的心理压力。

一般来说，这种心理压力纯属自寻烦恼。

笔者的一位朋友如今就职于韩国一家大企业，担任部门经理。他在大学毕业的时候月薪只有600元，日子过得十分辛苦，工作的内容也无非是为日理万机的老板跑跑腿、整理一下通讯录什么的。对别人来说，这可能根本就谈不上是什么职业，但对他来说，必须把现在的工作当成漫漫求索之旅的重要起点。他最初工作的时候，成天要把雇员的名字打到徽牌上——有创造性吗？一点也没有！但就是这样一个小小的文员，一直坚持做到另一个机会来了为止，经过一步一步的努力，他现在已经成为优秀的部门经理，决定几十号人的升迁前途，这难道不算一种成功吗？

他没有因为做小职员而憋出压力，而是憋出了动力，取得了不错的成绩。但不是每个人都能憋出动力。如果不会处理工作中带来的各种烦躁的事情，说不准还要憋出乱子，憋坏了情绪，导致情绪失控。

孙先生就是如此。他这样对我说：

我现在很烦，平时我喜欢喝茶，现在每天都泡浓茶，实在不行就喝浓咖啡，一天得有四五杯。没有它我都不知道能不能挺过这一天。我的压力太大了，上午一进公司，A总就要求我完成部门的业务考核，我还没有开始动手，他又一个电话命令我弄好每个月的业务数据，5分钟之后办公室通知要召开经理会议，当开完会之后，刚坐下，下属的各种报告又呈了上来……天哪，我不明白上面到底让我先做哪一个任务？一天到晚都是工作，做不好我都会很惨！

孙先生显然处于情绪失控的边缘，严重依赖咖啡因来刺激自己的兴奋神经。在他看来，事情不应该是这个样子的，工作应该安排得井井有条，恐惧和忧虑应该完全消失，一个人应该去做他本该做的事情，自己不适应的环境应该"自动"好起来。但是很简单，如果我们不喜欢自己周围的环境，那我们要么改变环境，要么改变自己，钻牛角尖只会让问题变得更糟糕。

压力过大而导致情绪失控的朋友，往往是很多工作不敢去做，把压力看作巨大的危险，所以决定逃避带给他压力（危险）的任务，他们不去做工作困难的部分，认为这是上司无能造成的，自己很痛苦的原因是上司总是在躲避责任，推卸负担。总之，他的痛苦是他人带来的，自己是无辜的。

把压力归咎于别人的人，开始的时候会选择忍耐，达到极限的时候就会爆发，他会向那个自己认定"无能"的上司"开火"，但更多时候，自己的家人成为他发泄的对象。

生活中的压力无处不在，和女士第一次约会、第一次学开车、等待彩票开奖……这些给我们的压力要远远大于部门每月的情况报告会，可是我们有什么样的感觉？兴奋！即使这些事情给我们带来再多的生理上的紧张感，我们也不会逃避，完成后会感到愉悦。所以，愉快的压力就是兴奋。

同样的，类似紧张、忧虑的感受如果发生在工作中，像孙先生这样的朋友就往往会感到的只是紧张和焦躁，因为他们在逃避。压力不是危险，它是我们事业发展所必需的，困难重重的工作，压力很大，但不是任务本身，而是我们的能力和方法的欠缺，我们完成了压力巨大的工作，就会得到锻炼和提高，有能力去继续做更加困难的事情。接受自己认为害怕的事情，并努力去克服自己的恐惧感，这就是勇敢的心理学含义。

失败只是一个结果，如果不去做，失败就是100%，逃避就是失败。缓解压力的过程不是一个吃某种药物给你的那份放松，而是你的心理素质完善的过程，是你职场能力不断提高的过程。

No.7 什么是必要的压力

在每个人的日常生活或工作中，压力可以说无所不在。刚换一个新的工作,对新的环境与工作内容不熟悉而感受到压力;学生考试前,因为无法预知会遇到何种形式的考题,即使准备再充分还是多少会感受到压力;有些人第一次出国,会担心赶不上飞机而提早许多时间到机场等候,这也是压力。

另外,业绩目标无法达成,担心实力不如对手,家人有问题无法解决,经济状况不佳等,免不了也会产生压力。无论是哪一种情况下产生的压力,其实都有一个相同的特质,就是当一个人碰到一件事而感觉到"我不会"、"我不熟悉"或是"我不确定"时,就会感受到压力。

生活中,大多数人担忧的事情太多了,这是不必要的,他们仿佛在自找造成压力的东西。如果你不信,请看下面关于忧虑的数字:

人们忧虑的事情有40%永远不会发生。30%的忧虑涉及过去做出的决定,是无法改变的。12%的忧虑集中于别人出于自卑感而做出的批评。10%的忧虑与健康有关,而越担忧问题就越严重。只有8%的忧虑可以列入"合理"范围。

以上数字不是很令人吃惊吗?如果引起紧张的有10个问题,真正值得担忧的问题平均还不到1个。压力可以分成必要的压力和工作的压力。必要的压力就要通过实际的行动来解决。但压力中更大的一部分却是不必要的压力,只有剔除掉这些不必要的压力,才会成为自己生存空间的主宰。而之所以人的一生有如此多不必要的压力,与我们的"心理"状况是密切相关的。

1. 压力压错了地方

当一个人将自己的目标值上升到很高时,譬如有的学生的实力明明只有考取一般大学的水平,却偏偏要报考清华大学、北京大学,因为力不从心,这时就会产生过度和不必要的压力。

还有一种压力则来自"庸人自扰"。譬如,一些很有水平的运动员,就是因为在赛前想得太多,想万一拿不到冠军怎么办,想自己万一"出洋相"怎么办,想自己成绩不好怎么向领导交待,想比赛比砸了以后不好向自己的家人交待……总之因为比赛时想得太多,自己对自己施加了无形的压力,结果注意集中不起来，兴奋不起来，动作走了形，没有拿到高分，拿不上冠军也就不足为奇了。

2. 受他人评价所累

现在社会里的很多人，在生活和工作中，习惯了周围人的看法，习惯了别人对自己的评价标准，习惯了社会对于成功的定义，而忘记了自己原本想要追求的东西，结果变得不切实际，结果离压力越来越近，离快乐越来越远。

3. 多愁善感产生消极情绪

有人曾研究过跳楼者自杀的原因，但最后发现原因并不在于发生什么事，而在于其悲观、消极的情绪慢慢积累，压力越来越大，最终被压力所吞噬。其实很多人的忍受力、耐力很强，但在什么情况下就会崩溃呢？那就是心理出现了偏差，钻进了牛角尖，逐渐感受不到快乐，这个时候做任何事情都会是一种负担、一种压力。一定要记住你的原始动机，这样你才能得到更多的快乐，远离压力。

以前有一个老和尚，他十分喜欢兰花，自己也精心栽种了几十盆。有一天，他要出门远游，便把这些兰花交给他的徒弟们。可有一天夜里，忽然狂风大作，大雨倾盆，兰花全被打落在地，摔得粉碎。徒弟们害怕极了。当师傅回来后，徒弟们把这件事战战兢兢地告诉师傅。谁知，师傅丝毫没有生气，只说了一句话："我不是为了生气而种兰花的。"

那么你是为了生气而工作的吗？你是为了生气而学习的吗？你是为了生气而生活的吗？记住，现在遇到的一些烦恼和挫折都是不值得我们生气的，我们是为追求美好和幸福才奋斗的。

那么，什么样的压力才是必要的呢？一般来说，能够产生积极因素的压力都是必要的。譬如说，人们需要压力来实现目标，按时完成工作，满足个人需求，并保护自己。

在日常工作中，销售经理经常对下面的员工说："我们必胜，这个目标一定能实现。"而销售经理的每一个目标都比过去的目标高，这就是一个预期的压力，销售经理利用这种压力让团队产生动力，提高兴奋度，更有信心地迎接挑战，实现目标。所以说适当地运用预期压力会让员工产生兴奋感或挑战感。

又譬如说，我们要锻炼身体，就拼命的去练举重，可以说，这就是一种积极的压力，因为，我们练了举重后，可以使身体更健康。当然，我们也可以选择不给自己压力，就是天天躺在沙发上看电视、喝啤酒、吃零食，最后，养出了一身的赘肉。

我们只有正确认识到，哪些是必要的压力，哪些根本是不必要的压力，才能摒弃那些影响我们正常状态的事情，积极投身到工作与生活中去，让必要的压力与我们的生活默契配合，彼此兼容，达到理想的生活效果。

No.8 职场压力的主要表现

如果有人问，现在什么人的压力最大？什么群体的压力最普遍？大多数人会认为，职业人群压力最大。比起已经退休的老人与上学的孩子来说，身在职场的职业人群不仅担负着社会责任与家庭责任，还正处于大展拳脚、开创事业的阶段，所以说，这个群体的人最累，压力也最大。

比如说，一个员工明明头痛得快要炸开，但一想到完不成任务就可能被解雇，只好不停地给自己施压；明明这个周末已经安排好了全家出游的计划，老板一个加班电话，你的计划就全部泡汤了；出了事故明明是主管的责任，但他在老板面前把责任全推到下属身上，下属怕得罪主管，只好忍气吞声。其次，职业群体为加薪、为升职、为面子，他们在超负荷工作的同时，深感"生命难以承受之重"。那么，身在职场，你现在承受什么样的压力呢？不妨让我们看看职场压力主要表现在哪几个方面。

（1）工作负荷的变化。如果公司减少了员工的数量却不降低产量，那么公司就会让员工承担额外的任务，提高劳动生产率以弥补人员减少所带来的损失。或者在扩张阶段，公司会让员工在他们的常规任务之外承担额外的职责。不管是哪种情况，额外的工作都可能会造成愤恨和焦虑。

（2）报酬的变化。如果员工报酬降低（可能是福利的减少），很可能会导致员工对预算开支的焦虑。但是，即使是增加报酬，同样也会给员工带来焦虑，因为加薪可能会使员工进入更高的纳税级别，或者他们认为自己必须表现得更加出色才能"赚取"所增加的薪酬。

（3）工作、任务或团队的变化。新的工作环境总是会带来一段压力较大的时期。员工不仅要学习新的技能和程序，而且还要发展新的办公室或团队内的关系。所有这些都要耗费额外的精力和注意力，这可能会成为有害的焦虑，使人无法在工作上取得最佳绩效。

（4）工作安全感的变化。在这个高科技革命、大公司裁员（通常是中层管理人员受到最沉痛的打击）、人员迅速更替以及全球市场飞速增长的时代，员工更加频繁地面临着失业的威胁。

（5）难以相处的管理者。一些经理的领导风格与其直接下属的职业需要根本不匹配。例如，一些管理者认为，向团队施加压力会带来生产率的上升，而事实往往与之相悖——这种做法造成的是一种普遍的恐惧和焦虑感，而这会大大损害生产率。与难以相处的管理者之间的冲突是公司人员流动的主要原因。

（6）对失败的恐惧。如果工作环境充满着竞争和批评，而缺少团队建设和援助的气氛，就会导致消极的思维方式，人们就容易把外部的这种批评性的信息转变为内心的自我怀疑，并加剧对失败的恐惧。

（7）低微的自尊。低微的自尊与对失败的恐惧感紧密相连。当消极的思维方式占支配地位，排斥或歪曲任何积极的信息时，就会产生低微的自尊，结果导致"什么事情都做不了"的态度。

（8）丧失群体感。许多员工都感到在工作上与他人没有联系，被忽略或被遗忘在了自己的小格间里。这种孤立隔绝的感觉的确是个问题，但对那些通过计算机网络而不是群体聚会场所进行交流的公司而言，这也应该日渐被关注。

（9）工作上的身心疲惫。工作上的身心疲惫是一种独特的压力。它是工作狂文化和有害焦虑相结合带来的严重后果。当你滞陷在工作中看不到未来时，你就可能感到自己身心疲惫。你无法处理日常的事务，你感到疲倦、紧张、易怒。坦率地说，你对什么都满不在乎！

综上所述，可以看出职场的压力何其多，有的人甚至要承受多种职场压力，如果不能有效管理与缓解这些压力，势必会产生不良的后果，因此，寻找到恰当的方法，从压力的根源入手，有的放矢，才能减少压力对你的影响。譬如说，有效的工作计划与效率的提升可以减少工作负荷的压力；积极融入团队可以缓解人际关系；身心疲惫的时候可以到大自然中放松一下身心等，都是不错的方法。要记住，一点压力都没有的职场是不存在的，要想在职场中游刃有余，轻松工作，就必须找到自己的压力症结，对症下药，才能让你从压力的阴影下走出来。

英国心理学家戴维·丰塔纳曾给"压力"下了一个定义：压力是对精神和肉体承受力的一种要求。从这个简洁的定义中不难看出，一个人的承受力越大，应对压力的能力就越强。事实上承受力不在于能力的大小，而在于能坚持得多久，这时，耐心在压力面前显得至关重要。实际上，耐心是对压力的一种挑战。

法国寓言诗人拉封丹说过这样一句话："耐心和持久胜过激烈和狂热。"耐心，是人们对事物的认识过程中所表现出来的个性心理特征，它是性格中的一种潜在力量，也是信心的持久和延续，是决心和毅力的外在表现。不论做什么，如果缺乏耐心，将一事无成。没有耐心，学习很难坚持下去，学业也难以完成。

有了压力并不可怕，只要能够正确认识到处理压力的方法，一切困难都是"纸老虎"。面对压力，我们必须顶着压力前进，否则便如逆水行舟，不进则退。人们如果意识不到这一点，那他就会在毫无防备的情况下成为掉队的那一个。别人在踌躇满志中进步，而自己却在不明不白之中后退，这种事情，谁都不愿意让它发生在自己身上。

No.9　难以完成的事怎样完成

难题是用来解决的，而不是用来解释的。当你确实无愧于心时，无需过多解释，你的表现上司早已看在眼里，记在心上。

近来，常看到许多令人诧异的新闻，例如，某个长发美女和公司签订了业务承诺，若是当月完不成订单就剃光头；又如某企业规定，员工完不成任务当众罚做100个俯卧撑。这种评价工作成果的方式，笔者确实不敢苟同。

当下，很流行一种职场理念，就是市场竞争日益激烈，若放不下自己的尊严，不突破传统的耻辱感，就无法生存。这一"丛林法则"，看似是个"置之死地而后生"的妙招，其实是一个误区，是不合时代进步节拍的"文化短视行为"。它忽略了员工的感受，而一味地强调了企业的效益，是不足取的。事实将会告诉这些企业，这种惩罚激励不可能营造出良性的企业文化氛围，对企业的发展即使有一时之效，但绝不会长久。

其实，在工作中，无论你多么主动进取，有着强烈的效率意识，如果正常工作时间内难以完成任务，就是晚上、节假日加班，也力求如期完成；如果可能的话还会按质按量提前完成。而上司也主要看你努力的成效，因为只有良好的工作业绩才能够为你说话；只有你工作的成绩，才能表现你真正的态度。但是，事实上，我们每个人都有完不成任务的时候，其中原因复杂多变，例如客户的爽约、市场行情的突变，在执行过程中出现失误等，诸如此类，不一而足。

当完不成任务时，有些员工甘愿接受惩罚，扣钱、体罚等，这也不能过于指责，因为造成业绩未达标的原因很多，有的是工作量确实大，任务也有些难度，有的是员工的执行力有问题等。罚与被罚是"周瑜打黄盖——一个愿打，一个愿挨"。但是，不折不扣完成任务是员工的天职，受罚也是一种警戒方式，若是你确实全力以赴了，就要让你的领导知道你曾经努力过，并将工作中遇到不利因素都有针对性地阐述出来，给所有的人，不论是你的领导还是你的同事以启示。那些亟待解决的难题，也可说出来一同探讨。这一点还是有必要的。

当然，这并不是要你挖空心思去解释。"解释"最终的目的无非是归罪于外，不承认自己的欠缺，以此来逃避责任，为自己开脱。遇事喜欢解释的人无论如何不可能获得进步，因为自己总认为比别人聪明，没有深刻认识到自己的不足。但是，任何单位任何部门的领导，把工作交给你或交给某个部门，他（她）希望看到的是这项工作圆满完成，而不是想到了时候听你说一大堆没有完成任务的理由！

既然事已至此，我们就不能进行推诿。坦率地承认自己的不足和教训也会深得领导的谅解。当领导责怪时，你只要对这项工作进行过程中所遇到的难题进行概括性、深刻的总结，将你无法解决的难题都一一陈述出来即可。如果反反复复不断提及，会让别人厌烦。

还有一点，就是要进行反省，多从自身找原因。但是，你没必要感到羞愧，也不要过于自责，相反在心理上要感到真诚和坦然，因为你已经竭尽全力了。

关键是，真诚地说出自己内心的感受，坦言自己的难处和苦衷，并在汇报的过程中暗示自己已经尽力了，从而让淡化领导对你的抱怨和指责。领导多是从员工做起的，你的难处他也曾深有体会。

但这和那些看似努力实际上根本没有全力以赴的人是不同的。在日常生活中，我们常听到有的员工这样解释："对手太强大了，我和他们进行了很长时间的竞争""对方那里出了差错，不是我不行"……这一类人做是做，但没有做到底，他们寻找更合理的借口为自己的半途而废做辩解。这种做法不值得提倡，如果你每次都做得差一点，十次就会差一大截。如果一个企业每位领导人、每个员工都比对手差一点，那么这个企业早晚要被优胜劣汰。

言归正传，我们还是再谈谈如何向领导汇报未完成的工作吧。我个人认为，一个员工在执行的过程中，若是工作有困难，就应该随时跟领导沟通，一是为了求得帮助，二是一旦未完成，领导也会体谅你的难处。此外，还应该在接下工作前，就应该预估结果，并在适当的时候降低领导的期望值。例如，在下班之后，你主动找到领导说"这件事可能有风险，原因有以下几个方面……"这种做法最为明智，领导交予你任务时也会更加放心。

有时，完不成并不可耻，因为工作也是一个挑战和考验！只要你竭尽全力，即使失败了，领导也会因为你的诚恳和努力而欣赏你，信任你，下次还把重要的事务交给你。

No.10 热情不是毫无进展的重复

天底下只有一个办法可以影响别人，就是了解别人的需要，然后热情地帮助别人，满足他们的需要。

热情是一种强劲的激动的情绪，一种对人、事、物和信仰的强烈情感。它无疑是我们最重要的秉性和财富之一。不管你是否意识到，每个人都具有火热的激情，它是一个人生存和发展的根本，是人自身潜在的财富，只是这种热情深埋在人们的心灵之中，等待着被开发利用。

一个充满工作热情的人，会保持高度的自觉，把全身的每一个细胞都调动起来，驱使他完成内心渴望达成的目标。在日常的工作生活中，同事之间免不了互相帮忙。热情地帮助同事是一种值得赞扬的职业道德，但是热情不是毫无进展的重复。

首先，你应在和同事共同解决一件事情的时候互相交流，看看完成这项任务有没有更好的方法。因为任何人想的都不一样，你觉得这样处理好些，但他可能认为自己的更方便快捷。多和同事交流，会有很多收获，通过交流思想和工作方式方法，学习对方丰富的工作经验和心得体会，不断提高自身素质。

三国时期，蜀主刘备死后，刘禅继位，蜀国的大小政事都由丞相诸葛亮处理。诸葛亮在朝野的威望很高，但他并不居功自傲，经常注意听取部下的意见。有部下反对他这样做，他认为这是为了集中众人的智慧和意见，广泛地听取有益的建议。我们也要效法诸葛亮，集思广益，通过有效沟通，不断交流经验，分享收获，总结提高。

任何人的工作都是一个经验积累的过程，业绩优秀的同事更有独到的解决问题的看法。我们和同事多沟通，坦诚地说出自己的看法和建议，就能做到互相提醒、互相学习、共同提高。不要担心有些人不愿资源共享，你毕竟在帮他做工作，他自然会感激你的，又怎么对你有所隐瞒呢？其实，我发现，很多经验丰富的同事往往不介意和他人探讨心得的。因为他们知道，这种方式是让彼此快速成长的一条捷径。

值得一提的是，在沟通的过程中，你要多寻找与同事的共同语言，对同事有不同意见时，要体现善意的沟通，注意不要伤害同事的自尊。若是言辞刻薄犀利，那么，对方很可能不领你的一番助人好意，反而还会觉得这是在间接地用这种方式展示自己的博学和能干，因而非常气恼。如此一来，你的苦心岂不是白费了？

交流经验要真诚，也要掌握"度"，什么话该说，什么话不该说，我们心里一定要清楚。有意见可以保留。交流绝非是要争个高低，而是互相促进。这时，就需要你有话好好说，情绪不宜过激。

其次，在协助同事完成对方的工作的时候，若是对方有不懂的地方，你也要毫不保留的进行指教。不要有"教会徒弟，饿死师傅"的观念。因为你不告诉他，别人也会给予指导的。再说，如果你的那位同事最后向领导去请教了，你的领导也许会让你帮其一把，结果又把事情推给了你。

与其这样，你还不如在一开始的时候大大方方地告诉对方。一来说明你不自私，愿意共享个人的工作技巧；二来也表明你的热情是真的发自内心的，你确确实实希望你的同事有所提高，而不是敷衍他，做事留一手。帮人最终帮自己，因为生活中就是这样。想先有之，必先予之。下次同事有什么好的注意了他也会很愿意和你一同分享。

再次，你们还要学会从重复的工作中总结规律，主动创新。虽然任何工作做到最后都不过是简单的重复。但是我们还是能够从中发现很多值得我们扩展思维的地方。既然工作具有重复性，那就说明还没有进行创新，任何工作都有可以创新的地方，包括技能创新、态度创新、方法创新、服务创新，一定要抱着"现有的一定不是最好的"这样的态度去面对目前的工作。不断追求高效，不断追求完美，这样你就能从中发现一些值得探索的地方，引起自己的兴趣、好奇，进而不断的出色、游刃有余，使工作达到一种巅峰状态。

需要明确的是，在电子技术日益发展的今天，重复性工作将越来越多地由计算机处理，人的工作是创新和关心他人，这是计算机所不能做到的。从平凡中发现新意，从普通人那里感觉新意，从形形色色的大千世界里寻找新意，帮助别人中也平添了一份动力和激情。

对那些敢于突破自我的员工而言，创新永远是放在第一位的要求。但是，要创新谈何容易？在每一段工作的进程中，出现的新思路，新做法，新的突破，哪怕只是点点滴滴，也是要付出极大的汗水的。前行的过程中，我们不要心浮气躁，要慢慢摸索。

要创新就要主动总结经验教训，及时调整自己的工作计划和方法。不要过高地估计自己的理解能力，对那些看似简单的事情只是走马观花地浏览了一下，就自以为"懂了"，就迫不及待地和同事一起开始执行。这样的帮助，于你，于你的同事都会鲜有收获，谁也提高不了。我们应该在重复的工作中不断地实践——认识——再实践——再认识。

"重复"不是原地踏步，不是围绕一个点像驴子拉磨似的转圈，而是一种螺旋式上升、曲曲折折前进。伟大的教育家孔子早就教导我们"学而时习之"、"温故而知新"，这都是说的"重复"的好处。我们应该力争在重复中有所发现，有所提高，有所创新。

最后，不要以为你帮别人的工作也是单调的重复，你要用积极的态度看待每一项任务，自己的也好，他人的也罢，并且积极行动起来寻找快乐。这样，我们就会对周围世界保持新鲜感，我们就会使单调重复的工作和生活变得丰富多彩，我们就会把平淡无奇的日子过得有滋有味。而被你帮助的同事，也能体会到和你一块共事的乐趣。

能做到上述四点，你就能和同事建立起一种相互信任的合作关系，并逐

The Rule of Pressure for Top 500 Enterprises in The World

渐具备良好的倾听能力和沟通能力，能和其他人互动。从繁琐、重复的工作中发现那些极其丰富、有趣的、富有教益的工作形式。因而，你工作能力会大幅提高，你的人际关系将会得到改善。

No.11 做好眼前的事

一老一少两个渔夫听说海螺在市场上特别抢手，于是一大早上就出去捡海螺。年轻的渔夫心想："我眼睛好使，腿脚又利落，比起那个老渔夫，我的收获肯定要多得多，而且一定要挑选那些又大又好的。"

两个渔夫开始捡海螺。老渔夫只要看见海螺就如获至宝地捡起来，年轻人总是撇撇嘴，暗自说："这么小的他也要，弯一次腰都不划算！"

不一会儿，老渔夫的袋子里就有了一小半了，而年轻渔夫的袋子还是软塌塌的。年轻渔夫还是不屑一顾地说："那有什么！我走得快，而且眼睛尖，只要我发现一处海螺多的地方，我弯一次腰就能捡得更多。"

年轻渔夫就这样走了大半天，始终没有发现海螺又多又大的地方，他的袋子里还是只有一点海螺，那还是他实在不情愿弯了几次腰得到的收获，而老人的袋子已经鼓鼓的了。

晚上，两个人一同回去，遇见另一个渔夫。那个人问道："那个地方的海螺多吗？"

老渔夫乐呵呵地回答说："多啊！很多啊！你看我一天捡了这么多呢！"

年轻渔夫的声音同时也夹杂在里面："哪儿有什么海螺啊！一块地方只有零星的几个，不值得捡！"

为什么在同一个地方、同一个时间，两个人的收获有如此大的不同？最后得出的结论也如此悬殊呢？为什么怀抱着"做大事，赚大钱"志向的年轻人反而收获甚微？

我来告诉你问题的症结所在：老渔夫没有像年轻渔夫那样的心高气傲，

他珍惜每一颗海螺，宁愿为一个海螺而"折腰"。而年轻人总想"捞把大的"，可是哪儿有这么多又大又好的市场供他一个人发达呢？小的不要，零散的不要，又怎么能有丰厚的积累呢？

很多人和年轻渔夫一样，自认为是成就大事的料，非大钱不赚，对那些"小钱"不放在心上，甚至不屑一顾。如果把这种思想带入你的生意中，失败的可能性就非常大。不错！一个大客户也许一次就能带给你10万元的利益，有可能是10个小客户累加起来的总和。但是如果你把所有的希望都寄托在大客户身上，你可能就会怠慢小客户。在不知不觉中你的漠视、懒怠可能会让你失去10个客户，而这10个小客户有朝一日可能成长为大客户。简单地说，你对大钱的"追求"会让你蒙受和你的"追求"等量的损失，你对大钱的定义越高，你损失的可能就越多。

"莫以利小而不为"应该成为每一个生意人的座右铭。只有不嫌弃每一分硬币，经过一个积累的过程你才能获得更多。任何一种成功都是从点滴积累起来的，将军要从小兵成长起来；经验要从诸多小事中总结而来；财富必须从小钱累积而成。明智的生意人从来都不会拒绝一笔小生意，他们也会因为善于积累而变得富有；而"志向高远"的"赚大钱"的人却常常在抱怨市场不景气，责怪上天不给自己运气，感叹自己的平庸和贫穷。

当然，所谓的重视不等于"锱铢必较"。人们常说"越有钱越小气，越小气越有钱"，这里的"小气"是珍惜小钱的说法。每一笔小钱都有它的价值，大富翁尚且看重一枚硬币，涉世未深的年轻商人又为何要轻视小钱呢？

薄利多销是现代许多企业制胜的法宝，这一营销方法就是建立在多卖多赚基础上的，虽然利润小，但销量还算可观，所以仍然获利不小。在这一方面，做得最成功的要数世界零售商巨头——沃尔玛。下面就是关于沃尔玛的"女裤理论"。

沃尔玛的"女裤理论"就是对"薄利多销"策略的最好解释：女裤的进价8美元，售价12美元，每条毛利4美元，一天卖10条，毛利为40美元。如果售价降到10美元，每条毛利2美元，但一天能卖30条，则毛利为60美

The Rule of Pressure for Top 500 Enterprises in The World

元。那么如何做到"天天低价、薄利多销"呢?

规模效应。沃尔玛要求供应商的报价必须是与其他商家相比的最低价,否则免谈。在此基础上,沃尔玛以进货量巨大、帮助供应商进入世界市场、现金结算等理由,要求供应商降价25%。

巨大的规模和雄厚的资金实力使沃尔玛在谈判桌上取得了绝对的优势。巨大的规模也使沃尔玛的各项费用和成本,在极大程度上被分摊,这便是沃尔玛成功的关键。

No.12 眼光放远些

一天,海马做了个美梦,梦中有7座金山在呼唤它。为了这个冥冥中的召唤,它决定去寻找属于自己的财富,并且变卖了它全部的家当,带上了换来的7个金币。但是它觉得自己游得太慢,后来它看到了鳗鱼背上的鳍,于是就用4个金币买了下来。尽管速度提高了许多,但是海马还是没有看到梦中的金山。

半路上,它又看见了水母的快速滑行艇。为了提高自己的速度,海马忍痛用剩下的3个金币买下了这个小艇。这次它的速度提高了5倍,但是金山还是没有出现。

一条大鲨鱼出现在它的面前,热情地说:"要是有我的帮助,你想有多快就有多快。我本身就是一艘风驰电掣的大船,你上船吧!"大鲨鱼一脸的友好和善,张开了大嘴。

小海马高兴地说:"谢谢你!我就要找到金山了!"说完钻进鲨鱼的口里……

也许你也会有这样的感觉:我是不是太慢了?我的目标怎么还没有实现?我怎么样才能更快一些呢?你整天困扰于这些问题之中,处于一种"漫游"状态之中,陷入迷茫的汪洋,像一叶扁舟随波逐流。

有的人只有想得到财富的强烈欲望，却没有具体的目标和方向；有的为了单纯地追求速度，急功近利，不惜把自己手中的资源消耗殆尽；有的被追求财富的欲望冲昏了头脑，忽略了别人隐藏着的企图，最终走向了灭亡。

追求财富没有任何错误，而且为了生活，为了体现你自身的价值，你必须这样。然而，财富的获取有许多需要注意的，不是你一直想着就能得到的。

首先，财富的获得需要有明确的定位和确切的目标。你想要得到什么？想在哪一方面有所成就？自己心里要对自己的一生有大致的规划，不能盲目跟风。人人都说文凭和学历重要，你就把所有精力和时间花在混文凭上。别人说做IT挣钱很容易，你就死记硬背，硬要挤破在这些自己不擅长的领域里。

每个人都希望能尽快实现自己的梦想，但是盲目求快是不可取的，因为欲速则不达。况且何为快，何为慢？不同的基础，不同的情况，就有不同的结果，根本没有办法定量评判。你现在还年轻，是积累经验的大好时光。不要在30岁之前过多地考虑聚积财富。趁着现在还有接受新生事物的心气和可以四处奔波的健康身体，多学点东西，多长些见识，为以后的事业打下良好的基础，坚持下去你肯定会有所成就。

不要急功近利，不要不顾自己的实力，把现有的资源都消耗掉，其中包括你的本钱、你的健康和你的家庭。如果你在财富和功利的驱使下真的这样做了，那就真是一件很悲哀的事情。你把自己生命前期积累的所有都当作赌注耗费在你短期虚浮的劳作中，你有可能因此一事无成，也可能永无翻身之日。

除了要摆脱这种浮躁的心理，你还要对那些满口仁义道德的人提高警惕，多留一个心眼，也许别人正在觊觎你的财富。尽管你已到了山穷水尽、一无所有的地步，但别人还可能想榨干你所有的价值，把你彻底地消灭。

一个农夫养了一只小狗。每天农夫要到田里工作，小狗就会在家忠实地守护着主人的财产。尤其是夜里，小狗更是恪尽职守，替主人看护家门，以防贼人闯入。主人善待小狗，小狗忠于主人。

一天晚上，农夫和家人早已经熟睡，只留下小狗守在门外。这时候一个小偷蹑手蹑脚地走近农夫家，然后翻过围墙，跳进庭院。狗儿看见有个黑影闪过，发觉是有人闯了进来，于是大声地吠叫起来。

小偷看到狗一直叫个不停，恐怕惊醒主人，坏了他偷东西的计划，于是从口袋中拿出一块面包丢到狗的面前，然后轻轻地对狗说："嘘！别再叫了，这块面包给你吃。"

狗看了小偷一眼说："你的企图我还会不清楚吗？你给我面包的目的就是希望我别把主人惊醒，好让你顺利偷走主人家的财产。可是你想错了，如果你偷走主人的所有财产，并且将他们一家人都杀了，那么，我自己也将无法活下去了。我的职责就是要叫醒主人，告诉他们有陌生人来侵犯。我不能只顾眼前的利益，而不替将来打算，更不会为了一块面包而丢掉自己的性命，你还是快走吧！"说完又大声吠叫起来。

小偷看到计谋未得逞，只好放弃计划，逃跑了。

无论是学习还是工作都不要急功近利，不要为了眼前利益而牺牲了长远的利益，那样将会得不偿失，自绝后路。

№.13 利益的大与小

河堤上有一排大树，河边零零星星生长着一些孱弱的芦苇。

大树常常对小芦苇说："我真替你们担心啊，要是刮起了大风，你们恐怕就要被刮跑了！"

小芦苇摇摆着身子说："可是我生来就这样啊！虽然我弱小，但也不至于一无是处吧！"

一天，真的刮起了狂风。大树挺起胸膛拼命抵抗，并鼓励旁边惊恐万分的芦苇说："孩子，你一定要顶住，过去了就好了。"

风过了，堤坝上粗壮的大树被连根拔起，而弱小的芦苇却毫发无损。倒在一边气息奄奄的大树奇怪地问道："为什么我们这么强壮却被风刮断了，而纤细、软弱的你却什么事都没有呢？"

芦苇回答说："面对强劲的大风，我们觉得没有足够的力量抗拒，于是就低下头，躲避风头，这样才免受其害。你们虽然很强大，却自以为有资本，非要和这种风险争个高下，结果自然被狂风刮断了。"

有自知之明的芦苇懂得在风险面前退让，保住了自己的性命，而面对大风只知道一味抵抗的强者却倒下了。从这个故事中我们应该明白，对那些不必要冒险的风险最好采取退让的姿态。

做生意难免遇到风险，而且商人必须具备冒险精神，这样才能抓住机遇和财富，因为零风险的报酬是不存在的。但是这并不是说遇到风险就要盲目抵抗。有些风险凭实力很难扛过去，如果硬撑着，只能给你带来忧虑，蒙受经济损失，危及自身的健康、工作和生活。因此，在那些扛不过去的风险面前要懂得退让，不要冒不必要的风险。

生意场上有句话，"高风险必定有高报酬。"很多生意人简单地认为伴随着高风险的肯定是高报，这有点"风雨之后见彩虹"的意味。彩虹肯定会出现在风雨之后，这没有错，但并不是风雨之后就有彩虹，有可能是艳阳高照，有可能还是乌云密布。同样，经济市场如风云变幻，高风险之后可能是低风险，可能是低报酬。"高报酬"就像"彩虹"一样，只是商人们的一种期望，是想像或者估计的最高可能报酬，"想得到就能做得到"是大错特错的。

如果你的资本足够雄厚，你可以挑战高风险。但是，如果你把所有的期望都寄托在高风险中的高报酬上，就无异于把所有的鸡蛋都放在一个篮子里，一旦打碎，你将一无所有。

№.14 每一次挑战都是跃升的积淀

"相信你一定可以战胜困难的。"

要在乎困难，这也许是一种幸运的开始。

何大山大学刚毕业的时候，父亲拍着他的肩膀说："相信你一定可以战胜困难的。"那时是1997年的夏天，他的母亲刚刚去世，他的父亲也因为一场意外的事故病倒在床上，没有多少社会经验的何大山感觉自己好像挑起了千斤重担一样。因为他是自费生，毕业后工作也是自己找的，在单位里也是低人一等。但是，他没有气馁，在父亲的鼓励下，他每天早出晚归，渐渐赢得了老板的信任。

有一次，公司安排他到东北一个城市去联系几家经销商，路途遥远，从无一点业务经验的他真是无从下手。此时，又是他的父亲——那个正病倒在床上的老人，鼓励他："相信你一定可以战胜困难的。"因此，他拜托一位友人照看自己的父亲，然后轻装出发了。

一个多月的时间，何大山不停地奔波忙碌，费尽心思地向一些目标客户介绍自己公司的产品。他赢得了别人的信任，顺利地完成了公司交代给了他的任务。回到家后，他的父亲病也好了，可以自己照料自己了，而他也凭自己的勇气和刻苦工作的精神获得了老板的赏识，成为了一名区域经理。

生活中遇到困难，是再正常不过的事情了。我们每个人在任何时候都会遇到大大小小的不同的困难，这些困难也向我们提出了不同的挑战。对于一个懂得心理平衡的人，就会依靠自身的优势与强项去战胜困难。

人生如战场，试想一下，如果你身临战场，当你遇到困难和敌人时就后退，其后果如何？把事情做好，把困难解决掉，这不也是一种"作战"吗？因此，当你在自己的生活和事业中碰到困难时，一是"做给别人看"——要让人知道你并不是一个懦弱的人，一个胆小鬼。即使失败了，你不怕困难的精神和勇气也会得到他人的赞赏；如果你顺利地克服困难，这就更加向他人证实了你的能力！二是"做给自己看"——一个人一生中不可能一帆风顺，事事顺心如意。碰到点儿困难，其实并不可怕，要把困难当成是对自己的一种考验与磨练。也许你不一定能解决所有的困难，但在克服困难的过程中，你在智慧、经验、心志、胸怀等各方面都会有所收获，会对你日后面对困难有很大的帮助，因为你至少学会了如何应付这些问题。如果你顺利地克服了困难，那么在这一过程中你所积累的经验和信心将是你一生当中最可贵的财富。

"攻击是最好的防御。"这是一条军事原则,而且它不仅仅适用在战场上。所以,在面对困难时只要你不回避而是面对它们,它们就不会成为大问题。轻轻地触摸蓟草,它会刺伤你;大胆地握住它,它的刺就碎落了。

吕剑刚毕业就进入一家进行公共关系咨询的公司担任一名底层的推销员。他虽然喜欢这份工作,但是却希望把其范围扩大一些,他最感兴趣的是对人的研究。在经过几年学校里对理论的研究之后,他认为自己已经找到有些人不能和周围人和睦相处的原因,但是对他来说,最大的障碍是缺乏演讲的经验,无法将自己的发现公开表述出来。

有天晚上,他躺在床上想自己的这个大心愿。他知道,自己唯一的演讲经验,不过是在推销汇报会上对那一小群推销员讲话。所以,每当他想到自己要面对一大群听众时,就吓得讲不出话来。他绝不相信自己会讲好一篇演讲词,但是话又说回来了,他想道:我为什么可以神态自若地对着我的推销员讲话呢?于是他躺在床上,重新找出并且抓住自己对一小群人讲话的那种自信和成功心情的细节。接下去他就想像自己正在对着很多听众发表人际关系的演讲,同时心里仍保持着自己面对一小群听众时的那种泰然自若和自信的心情。他在心中想到应该怎么站,自己就可以感觉到脚踏地板上的压力。同样,随着他想的,他可以看到听众脸上的表情,也可以听到他们的掌声。他活生生地看到自己做了一次成功的演讲。

在这一瞬间,他相信自己可以办到这件事了。他已经把过去的那种成功及自信的感觉,融合到想像的未来事业的画面中。对他来说,那种成功的感觉是如此强烈,以致使他产生"一定能办到"的感觉。他已经得到了我们在这章中所说的成功的心理,而且从这一刻起,这种心理就再也没有离开过他。虽然当时他还看不出自己有什么道路可走,而且看起来自己的梦想似乎也不太可能实现,但是仅仅过了3年,他的这个梦就变成了现实,而且几乎和他想象中的一模一样。

现在,他已经成为"人际关系问题"的权威,经常在一夜之间就赚进几千元。上海已有 200 多家公司出资请他去对职工进行人际关系方面的训练，并对症下药地开导职工们。而他的著作已经成为这一学科的经典之作。所有这一切，都来自他幻想中的一个画面以及那种成功的心理。

对喜欢规避责任的人来说，困难则成了最好的挡箭牌。你也许听过许多人把失败原因归咎于没有受过大学教育——对这些人来说，假如他们真正上了大学，他们仍能为自己找出许多理由。而一个真正成熟的人则不会如此，他们会想办法去克服困难，而不是找借口去规避困难。

因此，一些心理学家告诫，如果你面临真正的危机关头，就需要产生大量的兴奋感。兴奋感在危急关头会带来很多好处，然而如果你过分地估计了危险或困难，如果你对错误的、歪曲的或不真实的信息作出反应，你就可能产生过度的兴奋。由于威胁远远不像你估计的那样严重，所以这些兴奋感就得不到适当的利用，不能通过创造性行为将不利因素排除掉，于是，它们就留在内心深处，封存起来，成为"烦躁心理"。极度的过量兴奋对你的表现有害无益，因为由此产生的过度兴奋是极不适当的。

英国著名哲学家罗素说过："遇到不幸的威胁时，认真而仔细地考虑一下，糟糕的情况可能是什么？正视这种不幸，找到充分的理由使自己相信，这毕竟不是那么可怕的灾难。"这种理由总是存在的，因为在最坏的情况下，在个人身上发生的一切绝不会重要到影响世界的程度。你坚持面对最坏的可能性，怀着真诚的信心去对自己说："不管怎样，这没有太大的关系。"这样，经过一段时间以后，你会发现你的忧虑已减少到一个非常小的程度。也许你需要把这个过程重复几次，但是到最后，如果你面对最坏的情况也不退缩，你的忧虑就已经完全消失，取而代之的是一种喜悦心情。

因此，初涉职场的我们在面对困难的时候，一定要鼓励自己："相信我一定会战胜困难的。"然后，就应该鼓足勇气去面对困难，只有这样，才能在困难里不断地磨炼出自己的人格。这是刚毕业的大学生走入职场后挑战自我的一种秘密武器。

当然，当我们在工作中面临困难时，也要学会从以下三点来开导鼓励自己去面对困难，挑战自我。

（1）每个难题都会过去。月有阴晴圆缺，人有旦夕祸福。没有人一生一帆风顺，任何人都会遭逢厄运。可是烦恼一定会有结束的时候，难题总会随时间推移而解决，我们要顽强努力地去寻找解决的办法。

（2）每个难题都有转机。任何问题都隐含着创造的可能。问题的产生是成功的发端和动力。问题的产生总是为某一些人创造机会，一个人的困难可能就是另一个机会，所以我们要抓住时机，促成转机。

（3）每个难题都会对你产生影响。你能够控制自己的反应，却不能够控制潮流的趋势，但是你能够决定自己的态度。你的反应是关键所在，它可以使你变得坚强或软弱，因此，你要学会鼓励自己去面对困难，解决难题。

每个人在工作中不可能不遇到困难，甚至是大的灾难。问题是，当有的人面临困难时，他们无所畏惧、百折不挠，将困难视为生活的一种考验，并使之转化为一种积极有利的因素；而有些人遇到困难，首先会畏惧退缩，为之折服，并且抱怨，他们把工作中的困难当做是一种无法逾越的障碍，甚至是人生的一种不幸。一个不成熟的人随时可以把自己与众不同的地方看成是缺陷、是障碍，然后期望自己能受到特别的待遇。成熟的人则不然，他们先认清自己的不同处，然后看是要接受它们，或是加以改进。

因此，当我们在工作中遇到困难的时候，一定要鼓励自己："相信我，一定可以战胜困难。"也暗暗地叮咛自己："要在乎困难，这也许是一种幸运的开始。"那么，我们将会以自己的勇气和信心去跨越初涉职场的第一道坎。

№.15　压力：向前与退后

工作中的压力，是突破自己的一种机遇，我们千万不可逃避它。

生活中很多人对幸福的评价常以生活中的压力大小来决定。他们认为有压力是不幸福的，觉得事情的理想状态应该是没有任何压力的。其实这是不完全正确的。如果我们有压力就认为一定是生活中出了差错，到最后我们就

The Rule of Pressure for Top 500 Enterprises in The World

会将过量的精力放在感叹我们的命运上，然后对自己说："如果我能消除我的压力，一切就会变得很完美。"

这是悲观者的怨语，而乐观者会从另一个角度来看，会将压力看成是一种机会。如果你曾经面临过一个很严重的压力，并且突破了它，你很快便能发现压力是帮助自己提高生活技能和社会经验的一种助力器。

因此，刚刚踏入职场的朋友们一定要切记：工作中的压力，是突破自己的一种机遇，我们千万不可逃避它。

其实，在工作中，必须拥有压力才能督促职员们去自动自发地完成自己手头的工作，否则，压力一旦消失，公司里正常的工作秩序恐怕根本无法维持。

简单的例子莫过于我们宁愿承担心理压力也要把事情拖到最后一分钟去做。不只是对那些令人不快的、不想去做的事情是如此，即使对那些我们愿意去做，有必要去做，做完后感到充实、感到有价值的事也同样如此。

许多毕业后刚刚踏入职场的新人都无法相信压力是一种隐藏的机会，他们总认为压力就是痛苦和不幸的原因。其实压力和痛苦能使我们走向成熟，为日后的事业奠定基础。另外，压力和痛苦促使我们思考，考虑改变工作的方向，从不同的角度看事情。

李一民毕业后进入一家报社担任记者，每天忙忙碌碌地寻找新闻线索，感觉压力很大，却又找不到真正的头绪。每周，记者部主任安排的采访任务都无法正常完成，有一阵子，他萌生了辞职的想法，但是想想现在社会上涌现了那么多的大学毕业生，而工作的机会也没有增加多少，因此，他调节了一下自己的情绪，想把自己的工作思路理清楚。经一位朋友提醒，他决定向单位里一位老同事请教一下。为此，他把对方约了出来，两个人聚到一起吃了一顿饭，在饭桌上，他很虚心地向对方请教了一番，经对方点拨，他才把握到了工作中的重点，了解到一些采访过程中的技巧和诀窍，因此，步入了正常的工作状态。

社会是个大舞台，每个人都在扮演着自己的角色：平凡的或是伟大的、顺利的或是坎坷的、自愿的或是被迫的……许多人对自己的处境、所扮演的角色不满意，因而心理不平衡，甚至对生活失去了信心。这种心情是可以理解的，但我们必须要有一种面对现实的态度，然后对症下药，争取找到一种好的解决方法。

许多人毕业后进入职场，工作压力稍微大一些就抱怨社会不公，环境不好，生活没劲；抱怨自己的条件不好，自己得到的太少。可我们是否注意到了那些生活充实、有所贡献的人们所处的环境、所具备的条件原本也是不如意的呢？

毕业后，我们最重要的是树立一份良好的心态，珍惜自己目前的工作环境，学会在工作中面对目前的压力，针对自己工作的状况下手，理智地寻求对策，争取变压力为动力，在提高工作效率和质量的同时，彻底剔除自己身上一些浮躁轻率的成分，脚踏实地地沿着人生中规划好的方向一步一个脚印地向前迈进，这才会为自己的职场人生开创出更广阔的天地。

为什么有许多人总感到自己没办法独立解决问题？主要是因为其在思考问题的时候总有一个因循守旧、消极被动的习惯，把境遇的作用看得过于重要，总认为自己的一切都是由所处的环境决定的。听一听这些司空见惯的说法吧：

"在这个倒霉的地方，我只能这样了，混吧。"

"要是我能调进一个好单位，再重新开始吧！"

"要是我有学位，或给我安排一个像样的职务，那就可以好好打算了。"

你是否也常常发出类似的抱怨？唯一的办法就是集中精力，坚持自己救自己。事在人为，突破局限，实现自我，就会战胜压力、获得成功。

接受现实，对压力宣战，不仅要有志向而且要有实力。实力从何而来？是从一切认真的学习和艰苦的奋斗中积累起来、磨炼出来的。如果你看清现实，找到突破口，那就应当确立起一个目标，然后围绕自己的目标去努力。你有了实力的准备，机遇才会青睐于你，你也就突破了环境与条件的局限，避免了大好时光的浪费。

No.16　把自己的优势发挥到极致

坚强的信念定能点亮成功的灯盏。

乌龟永远没有兔子跑得快，但它的寿命却更长久。

这世界上的路有千万条，但最难找的就是适合自己走的那条路。每一个人都应该努力根据自己的特长来设计自己，量力而行，根据自己的环境、条件、才能、素质、兴趣等确定发展方向。不要埋怨环境与条件，应努力寻找有利条件；不能坐等机会，要自己创造机会；拿出成果来，获得了社会的承认，事情就会好办一些。每个人都应该尽力找到自己的最佳位置，找准属于自己的人生跑道。当你事业受挫了，不必灰心也不必丧气，相信坚强的信念定能点亮成功的灯。

很多人的成功，得益于他们充分了解自己的长处，根据自己的特长来进行定位或重新定位。

刚进入职场后，真正聪明的人会善待自己的工作，并且按照自己既定的方针和策略，脚踏实地地忙碌起来。当然，在忙碌之中他也体会到自己生命的力量和工作的愉悦，他也明白只有在工作中忙碌起来，才能寻找到真正的快乐。他既没有时间诉说自己在工作中是如何的劳苦，也不喜欢利用自己的空闲向别人发牢骚。而喜欢发牢骚的那些人，常常是一些不知道珍惜自己的工作机会，自己也没有多大志向和出息的人，他们只会等待别人去照顾、去恩赐，结果什么也干不成。

因此，当我们找到一份新工作时，一定要珍惜自己的工作机会，在上班时间尽量多做一些事，不要把这样做的后果当成是一种累赘或者负荷，而要把它当成自己生命中一种价值的体现。当然，在工作中要想把事情做好，最重要的一点是要在不断挑战自我的同时，发现或者寻找自身的优势，这样才能把工作中的价值创造到最大。

许多刚入职场的人，因为多种因素制约，或者是因为自身条件的限制，往往看不到自身的优势，在工作中唯唯诺诺，不敢表现自己的才能，也不愿意在公司的一些分内事上插手，结果受到同事们的歧视。

其实，每个人都有自己的可取之处。比如你也许不如同事长得漂亮，但你却有一双灵巧的手，比如你现在的工资可能没有大学同学的工资高，不过你的发展前途却比他的大，等等。

这并不是一种吃不到葡萄就说葡萄酸的心理，因为大千世界，本来就各有各的安排，乌龟永远没有兔子跑得快，但它的寿命却更长久；反之，兔子虽然跑得很快，但却永远生活在担惊受怕中。

坦然地接受自己吧。坦然地接受自己的缺点，也客观地对待自己的优点。把自己当成上帝的唯一——事实上，每个人都是上帝的唯一。不要陷入和别人比较的怪圈，和自己比就行了，比比今天的自己又比昨天进步了多少，难道不是一件更有意义更让人愉快的事情吗？要公正地对待自己，不要被别人对你的评价所左右。当然有时候旁人的正确提醒我们应该接受，但一个人如果过分在乎别人的评价，他就会因害怕人言可畏而迈不开自己的脚步。只要我们对自己是真诚的，我们就会客观公正地对待自己的优点和短处，不自傲，也不自卑，尤其记住一点，那就是永远也不要在工作中用自己的缺点去比别人的优点。

当然，要想发现自身的优势，首先要做到对自我价值的肯定，这不但有助于我们在工作中保持一种正面的思考模式，也会激发我们内在的精神力量。而这份力量必须加以训练和引导，才会使我们在工作中的表现发挥到极致。

我们要想培养自己对自我价值正面的积极的态度，进而转换成积极的行动，练习为自己量身打造的肯定话语，无疑是一项超强的利器。而这些话语不但要有积极性，还要用现在式或未来式。肯定的话语改善你的思想、感情和态度。如果要发挥功效，它必须包含5项：

（1）合乎你自己的独特需要。

（2）要能振奋士气。

（3）针对现状，对症下药。

（4）在脑海中描摹未来的景象。

（5）触摸到内心深处。

在你的肯定话语里，避免使用"试试看"、"希望"、"但愿"这类语气软弱的字眼。你要运用一个既成事实，而非许愿的方式。"我就是大人物"显然比"我要努力做个大人物"要有作用。

另外，我们还需要借助以下几点肯定性的方法：

经常对自己说："靠着我在职场上建立的人脉，我相信可以实现自己的人生目标。"

经常叮嘱自己开始阅读和个人生涯发展有关的书。

经常对自己说："值得庆幸的是，起飞前就发现了问题！稍后，情况应该会好转。"

通过以上的方法，我们就可以每天督促自己在工作中寻找新交点，并不断发现自身在工作中的一些优势，再利用这些优势来开发自己的潜力，那么，我们很快就会在工作中大展拳脚了。

№.17 有点冒险精神

在英文里，"present"有两个意思：一是礼物，二是现在。"现在"就是上天赐予的礼物。

许多年轻的朋友们因为刚刚参加工作，感觉自己的能力和经验都不够，遇事都不敢主动去冒险，结果错失了许多的机遇。

当然，也有一些遇到危机和困境而又缺乏行动能力的人，总是为自己的行动先寻找理由。一般地说，编造种种借口和理由拒绝行动的人，用一整套懒汉理论武装了自己，他们不想冒险摆脱危机或困境，而只想等人来救，却孰不知，这样下去才更可能因耗尽精力而魂归空谷。

工作是包含了许多智慧、热情、信仰、想像和创造力的一个词。而且那些非常有成效和积极主动的人，他们总是能够在工作中付出双倍甚至是更多的智慧、热情、信仰、想像和创造力。而那些失败者和消极被动的人，他们只会把这些深深地埋藏起来，他们只懂得逃避、指责和抱怨，并不主动自发地把自己的热情投入到工作中去。工作是一个关于生命力的问题，并不只是一个关于干什么事和应该得到什么报酬的问题。

工作是自动自发的，工作就是付出努力。事情要先做起来，才能判定自己行或不行，因为太多的事情对社会来说是前所未有的，对参与者来说从未做过，而只有勇敢地去冒险、去尝试，才能把握工作中的诀窍，并突破自己的工作能力。时间，由无数个"当下"串在一起，工作中的每一瞬间、每一个当下，都带有永恒的种子。抓住每一个工作中的当下，人生才无缺憾，事业才会走上台阶。

我们经常在懊悔中度日，然后立誓，从今以后要如何如何。事后却往往忘了自己的诺言，直到下一次的后悔。有一句话："要活得像明日就要死去一样。"这不是要你消极度日、尽情享受、短视近利、麻木苟活，而恰恰相反，是要你把握当下。

刘晓菲刚刚毕业后进入一家化妆品公司工作，培训完后没有几天，经理决定让一个富有经验的老员工到华南一个城市里建立一个新的市场拓展点，公司在背后提供一些人力和物力的支持。但是，当经理提出这个建议时，那些老员工们个个低头沉思，都没有主动请缨。此时，经理的目光在刚进入公司的一些新人身上巡视了一遍，大家也都低下了头。此时，刘晓菲热血沸腾，举起手说："报告经理，我想去。"

"但是，你……"经理话还没有说完，刘晓菲便抢着说："我会努力地把事情做好的。"

出于对新员工的考验，经理同意了她的要求。下班后，刘晓菲为自己一时的冲动有些后悔，回到家中，父母和哥哥也指责她少不更事。但是，刘晓菲却鼓励自己说："就冒这一次险，全当是对自己的一次磨练。"因此，她便轻装上阵了。

因为对刘晓菲这个新员工胆识的赏识，公司给她制定了一套严谨的工作方案，并在后方提供咨询服务。经过3个多月的艰苦奋战，刘晓菲终于在华南的那个城市里建起了一个小规模的市场拓展点，因此，被提拔为那里的部门副经理。同时，在开展这项工作的过程中，她的见识和能力也因此实现了飞跃式的突破。

想做该做的事现在就做。做好当下要做的事，体会当下的感觉，用心去活，这就对了。

刚进入职场，在我们塑造自己的个性时，往往会屈从于权威、舆论或功利的意图，而忽略了自己和环境的长远需要、自我的天性基调和生活的本身。这使我们在面对工作时，往往犹豫不决，不敢果断地去冒险，这种心态，使我们走了一步，又发愁下一步，把发展变成一种没完没了的应付，使成长沦为一种扭曲。

为了使自己的人生向前迈进，哪怕只是一步两步，只要采取行动就是胜利。"着手做更好呢，还是放弃不做更好呢？"有这种犹豫的时间，还不如先试着做一下。

行动前，感到犹豫或烦恼，是因为在为行动寻找合适的理由。不管采取什么行动，不假思索就开始干，确实需要一种勇气。谁都害怕失败，"不做该多好"这样的后悔药都不想吃。

所以，人们行动前总想找到自己能够接受的理由，找到"应该做这件事"的必然性。但是，抱着做每件事都要找理由的态度，就不会有真正的行动能力。有行动能力的人，不需要行动的理由，就能够毫不犹豫地迅速行动。他们绝不是先找到理由再行动，而是先行动起来再考虑"我为什么做这件事"。理由与必然性总是在"行动"之后才产生的。因此，我们刚入职场后，要敢于冒险，并尝试去做，这才会踏出人生的第一步。

敢于冒险并不意味着盲目地实践新想法。员工个人一旦产生新的想法，就必须先了解新想法产生的环境、要达到的目标，以及可预见的挑战。然后，与上司、同事进行沟通，表明这样的立场——即将展开的冒险行为并不是为了个人，是为了公司、为了同事，这样能寻求到上司和团队的认可。当冒险者得到理解和认同，其冒险行为将得到整个团队的支持。当所有团队成员和冒险者站在了一起，就是科学的冒险。

No.18 告诉自己：我是最专业的

做任何事情总有个顺序，想一步登天是不可能的。"放下架子天地宽。"

一个企业的管理者在谈到自己的职场生涯时说：

"在我的工作生涯中，我的第一份工作是在车间度过的，即坐在机器旁剔除流水线上的不合格产品，每天工作10小时，且基本是在晚上工作。当时，与我一同来公司的10多位大学生不乐意做这样的工作，纷纷辞职了。

"我觉得做任何事情总有个顺序，想一步登天是不可能的，而车间确实又是锻炼人的好地方，于是便静下心来埋头苦干。结果，半年后我顺利走上了中层领导岗位，老板认为我是吃苦、钻研、肯干、诚实的人。而反观当初与我一起来的那些大学生们，尽管一些人也事业有成，但大多数仍奔波于职场中艰难求生。"

如今，想谋个理想职位并不是那么容易，这除了与整个客观环境有关外，也与许多求职者心态不稳有关，即好高骛远、自命清高，大事做不好、小事不愿做，满腹牢骚虚度了许多好时光。

放下架子天地宽。无论是硕士、博士，如不能在工作中体现你的知识和技能，一切都毫无意义。工作是检验一个人价值、能力、作用的最好场所，与其在家抱怨作无谓挣扎，不如放下架子，从小事做起，循序渐进，为自己日后的成长打下坚实基础，为谋求更大的发展增添筹码。虽然一步登天的好事也有，但由于根基不稳，人从"半空中跌落"下来的事也时有所闻。

摆架子的人只会使自己的就业之路越走越窄，因为你讲究"架子"，计较"得失"，就人为地给自己画了一个圈，限制了自己的手脚，而别人用起你来也会瞻前顾后、顾虑重重，而将目光投向他处；反之，则会给人一种具有良好团队意识的印象，同事间关系也会融洽，别人乐于助你，你的发展机会就大得多。

放下学历、背景、身份、地位的包袱吧！让自己回归到普通人行列中来，不要在乎别人的目光和议论，大胆地从基层做起，从基础工作做起，这样，就业之路才会越走越宽，越走越顺畅。

现在很多大学毕业生觉得自己找不到工作，每天怨天怨地，但是，一旦好不容易找了个工作，又不放下自己的虚荣心去安心钻研，结果只会引起老板的讨厌。

一个文化公司的老板谈起现在大学毕业生在职场上的表现时说："现在的大学生刚毕业就要找个好工作，至少得做坐办公室的。这还不说，当你想给他一个合适的工作，他什么也不懂，敢向你开价三千五千，也不想想自己会做什么，制作个表格都不成，上网打游戏倒是高手。指派他做个工作，都不用心钻研，真让人失望！"

曾就职于SGI、苹果、微软等世界顶尖IT公司的李开复，不久前突然跳槽到Google，并出任公司副总裁和中国区总裁，成为新闻人物。近年来，他先后撰写的给中国大学生的几封信在社会上引起了不小的反响。

李开复倡导一种自信积极的人生态度，"做最好的自己"就是成功。李开复说："一个成功人士应该具备足够的影响力，而对我来说，这种影响力最大的发挥就是帮助学生找到'自己的声音'。"他认为，成功并不能简单地与金钱、名利、地位画上等号。每个人都有自己的特点和定位，找准自己的位置做到最好，就是成功。

那么，在工作中我们如何才能做最好的自己呢？可以从以下几点入手：

1. 至少挑战一次自己的极限

在工作的过程中，我们要敢于面对艰难，同时，要学会挑战自己目前的工作，不管是业务第一名，还是在讲台上当众演讲，你都至少要成为一次主角，至少要成功一次。这样，在漫长而平淡的一生中，你都始终相信自己是最棒的，自己有能力在这个世界上好好生活。

2. 至少要有几个关系好的同事

不管是纵酒狂歌，还是浪迹天涯；不管是春风得意，还是屡败屡战，在工作的过程中，要经常握握同事的手，从中汲取力量。同事的友谊是你面对战场时坚实的依靠，这种友谊往往奠基于共同成长的历程，在当今职场上，这种类似于"江湖义气"的友谊是不可缺少的元素。

3. 至少体验一次挫折

要学习在工作中承受失败，并且学会反抗。据说，从没有摔过跤的人不会真正学会骑马，好钢经得起烈火烧、冰水淬，一帆风顺的天才男孩儿是不够资格成为男子汉的。

4. 至少定一个计划

要在工作中制定计划，并且不折不扣地完成它。计划力和执行力决定了职场人成功的概率，让他们勇于并且善于实现自己的目标。人们在面对目标时，可在限制中强化律己与责任意识，并能够不屈不挠地奋斗下去。

5. 拜访提拔和帮助过你的上司

要经常拜访一下在工作中提拔和帮助过你的人，感谢他们在工作中对你的提携和指点。

6. 至少培养一种个人爱好

要寻找适合自己的娱乐及健身生活，在繁忙之中偷得浮生半日闲。珍藏一件特殊的物品，记录趣味和意义；参加一次狂欢活动，感受激情与狂野；在野外远足，小住数日，倾听大自然的声音；买几张彩票，碰碰运气。所有的爱好都会告诉你，生活并不只是按部就班，还有好多梦想来不及实现，稍微收敛一点狂妄之心，去体验丰富多彩的生活吧！

7. 至少向自己工作中伤害过的人道一次歉

尽管你的选择迫不得已，但至少宽恕一次，那个曾有负于你的人。要知道，他也许也有不得已之处。要重新认识你的对手，从他们身上找到值得你所需的优良素质。

8. 至少写一点小东西，记录工作过程中的酸甜苦辣

每天也许有不同的感受，每月也许有不同的故事，每年也许有不同的发展。写一个小自传，看看自己能写下的东西有多少，因为，你的成功是依靠自己一点一滴的积累攒起来的。

Chapter 03 怎样调节压力

压力无处不在,你可以用太极收推式掌法去与压力打交道。压力太大时,用推式,不要与它硬碰硬;需要压力时,用收式获取有益压力。让自己焕发激情和动力,在这一张一弛中调节压力。

№.1　与压力和平共处

中国历史上有一个典故：在东晋时期，面对前秦百万大军兵临城下之际，群臣诚惶诚恐，而大政治家谢安依然镇定自若，喝茶下棋，最后在淝水之战中大败前秦军队。他的这种表现是在对大家说：天塌不下来，事要做，仗要打，但尽量不要让这些情绪来影响我们正常的生活，否则别人还没怎么样，自己就先乱了套。

在生活中，我们会经常认为那些从容淡定，运筹帷幄的人有大将风范。在这个世界上，什么叫做强大呢？任何人，任何事，如果你认为他"强大"，那他就是强大的。如果你不认为他"强大"，那他就不是强大的。你既然必须要去面对它，那么首先就要看淡它，这样，你的行为，才不会因为自己加给自己的压力而变形。

压力总是要来的，当你摆脱不了，又挣脱不出之时，不如学学谢安，让它"既来之，则安之"。与其手足无措，不如坦然接受，学会与其和平共处，这样才不至于被这个难缠的家伙搞得你神经错乱。总之，既然你无法逃避压力，那只好退而求其次，学会如何在最大限度地保护自己，并与压力共存，甚至借压力来促进自身的成长。

珍子是日本人，她们家世代采珠，她有一颗珍珠是她母亲离开日本赴美求学时给她的。在她离家前，她母亲郑重地把她叫到一旁，给她这颗珍珠，告诉她说：

"当女工把沙子放进蚌的壳内时，蚌觉得非常的不舒服，但是又无力把沙子吐出去，所以蚌面临两个选择，一是抱怨，让自己的日子很不好过，另一个是想办法把这粒沙子同化，使它跟自己和平共处。于是蚌开始把它的精力营养分一部分去把沙子包起来。当沙子裹上蚌的外衣时，蚌就觉得它是自己的一部分，不再是异物了。沙子裹上的蚌成分越多，蚌越把它当作自己，就越能心平气和地和沙子相处。"

母亲启发她道：蚌并没有大脑，在演化的层次上很低。但是，连一个没有大脑的低等动物都知道要想办法去适应一个自己无法改变的环境，把一个令自己不愉快的异己，转变为可以忍受的自己的一部分，人的智能怎么会连蚌都不如呢？尼布尔有一句有名的祈祷词说："上帝，请赐给我们胸襟和雅量，让我们平心静气地去接受不可改变的事情；请赐给去改变可以改变的事情；请赐给我们智能，去区分什么是可以改变的，什么是不可以改变的。"

对于我们来说，不能改变的是压力的去留，能改变的只能是我们与压力相处的方法。从心理的角度来分析，不妨试试以下几点：

（1）不可抱怨。谁没有压力呢？学生升学有压力；员工工作有压力；企业竞争有压力……你的压力比起别人也许根本不算压力。不要总是把自己想象得无比可怜，认为别人都比自己幸福，这样只会让别人觉得你更懦弱。懦弱的人很容易让别人把你看扁，失去别人的同情与帮助，而且不能解决任何问题。也许刚开始的时候，你的不幸赢得了一部分人的同情和怜悯，但你如果不停向每一个人诉苦，告诉他们你背负了多么大的压力，天长日久，你的听众就会把那仅有的一点同情变成鄙视，认为你是个无能的人。所以，抱怨是没用的，与其抱怨，不如正视，事实既然已经这样了，那么就一切顺其自然，采取积极的态度迎接它。

（2）遇到难题，想办法解决。生活与工作的过程，其实就是不断出现问题、发现问题、解决问题的过程。出现了问题肯定会有压力，绝对不出现问题的人生是不存在的。生活就像一张考卷，想拿到满分，必须一个问题一个问题地去解决。

（3）学会换位思考。工作中的某些压力实际上来自不愉快的人际关系，基于不同角度人们看问题的方法不同。建议人们在工作中无论发生了哪些不愉快的事情，都不妨换个角度为上级想一想，替下属考虑考虑，自己内心的感受就会发生变化，或许留下的不只是愤怒、郁闷和恼火吧。

减压光靠心理调节还不够，还需要行动的配合，通过一些快乐的活动才能彻底地摆脱心理上的烦恼：

压力太重背不动了，那就放下来不去想它，把注意力转移到让你轻松快乐的事情上来。比如做一下体育运动，运动是一个很好的发泄方法，当运动之后，人就会感到很轻松，这样就可以把压力释放出去。

还可以多关注一些快乐的事情，比如风景、幼童天真的笑脸等。学会为自己创造轻松愉悦的心境，创造生活的乐趣。

"毋恃敌之不来，正恃吾以待之。"我们无法控制压力的大小和去留，但绝对可以找到与压力相处的方法。只有认识到这一点，你才能在压力的管理之中迈出最重要的一步。

No.2 心境改变环境

一位哲人还是单身时，和几个朋友住在一间只有七八平方米的小房子里。看他总是乐呵呵的，有人便问他："那么多人挤在一起，连转身都困难，有什么可高兴的？"这位哲人说："朋友们住在一起，随时可以交流思想，交流情感，难道这不值得高兴吗？"

过了一段时间，朋友们都成了家，先后搬了出去，屋子里只剩下这位哲人一个人，但他每天仍然非常快乐。又有人问他："朋友都走了，你一个人孤孤单单的，有什么好高兴的？"这位哲人说："我有很多书啊。每一本书都是一位老师，和这么多老师在一起，我随时都可以向他们请教，这怎么不令人高兴呢？"

几年后，这位哲人也成了家，搬进了七层高的大楼里，他的家在最底层，是最差的楼层，特别吵闹。不过这位哲人还是一副其乐融融的样子。有人问他："你住这样的房子还快乐吗？"这位哲人说："你不知道一楼有多好啊！进门就是家，搬东西很方便，朋友来访也好找。特别让我满意的是，可以在空地上养花、种草。这些乐趣啊，真是好得没法说。"

又过了一年，这位哲人把一层的房子让给了一位朋友，自己搬到楼房的最高层——因为这位朋友家里有一位偏瘫的老人，上下楼不方便，他便与朋友调了房。搬到楼顶层后，这位哲人仍然快快乐乐的。有人揶揄地问："先生，住七楼有什么好处？"哲人说："好处多着呢，仅举几例吧：每天上下楼几次，对身体是很好的锻炼，有利于健康；光线好，看书写文章不伤眼睛；没有人在头顶上干扰，白天晚上都非常安静。"

柏拉图说："决定一个人心情的，不在于环境，而在于心境。"如果我们都像这位哲人那样能随时调整好自己的心境，自得其乐，无论环境如何变化，我们的心境永远保持乐观和满足，那日子不就过得舒舒坦坦，开开心心了吗？

古罗马大哲学家奥理略也曾说过，人的一生是由他的想法创造所成，当我们抱着幸福和快乐的思想时，就会过得幸福和快乐。生命流程中的诸多烦恼，都是从不健全的思想滋生的。烦恼，不仅会使心灵变得晦涩、阴暗、忧郁、愁苦，而且会使身体变得越来越孱弱。

许多个性坚强的伟人，他们成功的秘诀就是：不管遭遇到什么艰险的逆境，绝不会让自己的心里滋生出丝毫的阴影，因此，他们才能渡越人生的苦海，到达幸福的彼岸。曾经叱咤风云的拿破仑，当他兵败滑铁卢，被放逐到圣赫勒拿之后，曾经相当感慨地说："我的一生当中连6天的幸福日子都未曾有过。"但是，天生既聋又盲，受尽人世折磨的海伦·凯勒，经过不断奋斗后却说："我已经感觉出人生是何等的美好。"

其实，这两种观感都是心境不同所致。

一位大学毕业生到一家电器公司的流水线上当了普工。流水线的活很简单，但非常繁琐，一天至少干12个小时，有时加班到凌晨，稍一停工，趴在工位上就睡着了。打螺钉、插线圈、装陶瓷、上灯管……40多道工序，一人一个位置。单调重复的工作，一坐就是四五个小时，许多人都受不了这份苦，整天唉声叹气的。

不过，这位大学生心想，既来之，则安之，一定要学会所有的工艺，有了经验，还怕找不到好位置？这样一想，心情自然豁达开朗起来，干活也觉得轻松多了。只要稍有点空闲，他就到其他工位去学艺，还跑到其他线去拜师……他把这些繁琐的工作看成是给自己锻炼的机会，由于是快乐着学，进步很快。

半个月时间，他已经能独立组装出全公司6大类18种电暖器产品。技术到家了，大学生便发挥自己财会专业特长，针对车间生产管理的漏洞，运用成本会计的知识，趴在床上用了2个多小时写了一份近2000字的管理建议给经理。老板看完之后，对一个生产工能提出如此详实的方案有点惊奇，特意到车间找他谈话。老板非常欣赏他的工作态度，让他到车间作助理，协助主管工作，于是，他成了公司唯一的不靠关系直接从线上提拔的"干部"。

在车间工作，他真诚地学习，一方面协调好班组长各项工作，另一方面为主管出主意。由于快乐工作，很受同事们欢迎。当主管另谋高就时，公司一致决定任命他为车间主管。此时，他23岁，毕业不到一年。"你不能改变周围环境，那么就试着改变自己的心境，快乐一点，你的日子每天都会是灿烂的。"这位大学生朴实的话语道出了青年人成功择业和创业的根本！

同样，诗人都有应景抒情的习惯，其实这种应景抒情并非真的是应景，而是应心境而言。同样是"夜半琴声"的场景，痴心人听到的是细语低徊、婉转惆怅、秋雨绵绵、小径深邃，失意人听到的是哀婉凄凉、轻声长叹、秋雨绵绵、烟波浩渺，性情人听到的是怡红快绿、浪漫诗意。同样的景致，不一样的心境，就会有不同的感受。很多时候，我们往往任由自己在灰暗的环境里，让原本灰暗的心情更加灰暗下去！甚至就有了一种习惯，天气灰蒙蒙的，我们就很郁闷，如果阳光明媚、天高云淡，似乎连情绪都好起来了。其实这样的态度并不可取，我们不能改变环境，但我们应该学会改变心境。

美国心理学家威廉詹姆斯博士说："人生的快乐，完全是在于人的心境。"只要你认为自己是愉快的，那就一定会愉快起来。寻求人生快乐的唯一之道就是如此。所以要深深记住，幸福和快乐来自内心的感触，只要你肯改变自己的心境，就会改变人生，找到属于自己的幸福与快乐。

No.3　从应付压力到掌控生活

我们都曾经历过因为工作和生活而引起的压力，人人都逃不掉。我们可能会感到工作压力很大，担心自己的职位不稳；或者为工作中的冲突或误解烦恼；也可能发现工作难度太高。太大的压力会让你感到应接不暇，于是事情就一件件地积压，无法完成，然后你就会感到不安、焦虑，或者担惊受怕。除了直接由工作带来的压力外，其他生活上的问题也或让我们焦虑或担忧。

于是乎，你被一个又一个压力冲击，被动应付，无所适从。想想天天的生活都是在疲于应付，忙完了这个忙那个，同时还不断地发牢骚，像个怨妇。丝毫没有体会到什么生活的乐趣，于是也就对未来的生活和工作没有任何的希望和信心。如此恶性循环，何时才是个尽头呢？

生活中心想事成的美事是很少见的，人生不如意十之八九，所以失望的时候还是不少的。但带着这种情绪一直往前走，永远都不会有什么快乐可言。与其被动接受，还不如主动出击。生活中有很多事情是你不愿去做但又不得不去做的，这也罢了；但如果这些被动的事情就是你生活的全部，你的生活也就太让人觉得乏味了。所以，在乏味的工作之余，要学会寻找自己愿意主动去做，会让自己从中体会快乐的事情。这样你的生活才会有希望，未来才会让你觉得有信心。

一个人在努力追求人生目标的过程中，最渴望的是两个字——成功。这意味着人们都急切地盼望自己是成功的主人！换句话说，绝大多数人都是在被动局面下，通过一步一步行动而挣脱失败的"黑手"，实现人生成功的。

谈到"行动"两字，我们想到美国著名成功学专家——被誉为"一分钟成功策划大师"的皮鲁克斯博士的一段话："在重塑自我的种种手段中，一个人不应该任意所为，而应该根据自己的特点和能力，去做最适合自己的事情。这样才能突破人生的瓶颈，真正获得赢的快感。遗憾的是，我周围的许多人都忽略了这样一个基本常识，而在'最适合自己的事情'之外，浪费着自己的能力。这叫输掉了自我。"

这段发人深省的话，有什么启发意义呢？毫无疑问，它表明了这样一个事实：你在摸索人生的过程中，决定你输赢的不是外来的因素，而是你自己的能力。做一件事情，如果你力不能及，那么你就将处于被动的地位，同时你会感受到沉重的压力和痛苦，如果不能正确的对待压力，那么生病、事故、不能集中精力工作、忧郁等都会让我们为之付出代价。

如果你还在被动地应付压力，那么不妨试试下面这些办法，或许对你的生活大有裨益：

（1）判断什么是可以做到的，什么是做不到的。在当今的全球经济环境下，个人的能力可能微不足道，但对于你所在的公司，你的所学能让它渡过难关。对日渐复杂的社会环境，你可能改变不了什么，但在你工作生活的小环境，你却可以创造令人称道的人际关系。

（2）如果碰到棘手的问题，没办法解决，那就随他去吧。不要让无法控制的事给你带来过重的心理负担。

（3）如果有什么烦心的事，那就说出来吧。如果别人在做妨碍你的事，那就让他知道，闷在心里会让你变得烦躁和易怒，别人却以为你很难相处。

（4）每天给自己留出一点独自思考的时间，这虽然很难做到，但的确是很值得的。哪怕是在最忙日子里，也要在早晚抽出点时间让自回顾一下近几天的事情，判断哪些是重要的，哪些是不重要的，找到解决问题的办法。

（5）每天花些时间放松自己。哪怕只是15分钟，也可以让你陶醉在自己的爱好中，得到身心的放松。

（6）自己照顾好自己的身体。每天保证充足的睡眠和休息，饮食有规律，经常锻炼，这些都能让你很好的应对压力。

（7）做自己的主人，学会有效地利用你的时间。首先做最重要的事情，留出时间来休息，这样即使再忙，也能从容应对。

（8）不要独自承担忧愁。向值得信赖的人诉说，也许不一定能得到解决问题的办法，最起码可以让你不会感到特别无助。

（9）压力是生活的一部分。适当的压力是你前进的动力，但是压力太大就会产生危害。身心疲惫，可不是你自己和你的亲友愿意看到的。

（10）对工作有热情和勤奋都是令人尊敬的，但是一个人如果只有工作，那对工作只会起反作用。就像蜡烛总有燃尽的时候，这就是为什么我们要强调工作与生活的平衡。

No.4 疏导"压力源"

由于工作紧张、人际关系淡漠等因素的影响，人们的心理压力越来越大。心情压抑、焦虑、兴趣丧失、精力不足、悲观失望、自我评价过低等，都是常见的症状，严重者甚至会自杀。

在心理门诊中，30~50岁男性的压力源，排首位的是工作与人际关系压力，其次是经济压力、婚姻家庭压力。除了这三座大山之外，自己的健康体能衰退、老人的身体健康与孩子的升学压力等，都是人们普遍的压力源之一。

还有一些长期承受压力的人，尽管找不到突出的压力源，但一些突发的生活事件，也会成为诱发精神疾患的导火线。所以在这种情况下，应特别留意其情绪波动及各项生理指标。

一般人正常工作时间为8~10小时，此为人体健康负荷量。如果长期工作12小时以上，就对人体产生压力。这些人主要表现为：

1. **极度失落**

由失落感所衍生的情绪反应，会使人产生悲观、失望、没有信心，甚至愤世嫉俗的心态。事业的压力对人的危害最大。经受不住这种压力，往往会有失落感，也就是人们常说的"灰色心理"。

2. **难耐高压**

现代社会的人的性格和时代的特征联姻，孕育出了竞争。长期处在白热化竞争的气氛中，会使他们心理极度紧张、苦闷和失望，致使情绪跌宕。

3. **家庭危机**

工作环境、社会环境以及家庭成员之间的价值取舍、感情投向都可能隐藏和引发家庭危机。即使在没有冲突理由的情况下，压力也会通过家庭降临到你头上。这使许多身处其中的人群终日郁郁寡欢，有时又心情焦躁、心烦意乱。

4. **疾病打击**

疾病最容易使人思想消沉，有的还会失去生活的信心。疾病的压力来自于失去健康的忧患和失去康复信心。

5. 贪欲过高

如果对金钱、财富之类心存过高欲望，那就是贪心，产生一种与正常生理机能不协调的节拍，就会伤脑、伤心神、伤体。

对于轻微的压力，人们可以通过自我调节来消除。如果处理得当，压力可以转化为人生的动力，促进奋发进取。但若是压力不能及时排除，长期积聚，无形的压力会在人的生理和心理方面引起诸多不良的反应。

国际上流行的"3R原则"是比较行之有效的"减压"方法，即：放松（Relaxation）、退缩（Reduction）、重整（Reorientation）。这些方法的核心就是尽量避免遭遇压力源，尽量放松自己的情绪，适时调整自己的目标或期望值。对已存在的正面压力、自发压力或过度的压力要寻找一个平衡点。要学会以独特的方式适应社会，每个人都有每个人的活法，你有你的精彩，我有我的自豪。立足点不一样，闪光点不一样，要敢于以自己独特的方式适应社会，走自己的路。

职场留下了每个人的汗水和伤痛，也记载着欢笑与成绩。放松心情，摆正心态，才可能真正让上班变成一件可以期待的事情。

当然，最主要的是变压力为动力才是减轻你"负载"的更有效的方法，请记住：超人只存在于滑稽剧和影片中。每个人都有自己的局限，来认识、接受你自己的"有限"，并且在达到你的限度之前停下来。

总之，学会尽量做到：愤怒时要制怒；过喜时要收敛；悲伤时要转移；忧愁时要释放；焦虑时要消遣；惊慌时要镇静。无论遇到什么事情，要知足常乐，随遇而安，泰然处之。

No.5 解开心中"千千结"

所谓心结，在汉语词典中的解释是"谓忧抑之情积结于心"。说白了，就是导致思维空间中关于某一问题的阴影，也就是心里有一个"疙瘩"。很多人之所以压力太重，就是因为心结太重，不知如何让自己坦然面对心中的阴影。

只是，许多人并不知道，或是不承认自己有心结，再不就刻意淡化，否定自己的心结，这样只会使心结越发地膨胀、肿大，一碰就痛、就流血，就有被伤害的感觉。

心结有三种。

第一种，自己给自己结上的。想要又不敢要，想获得又得不到，想改善却又欲振乏力，于是对自己生气，纠结在心，成为一种心理上的结。

第二种，心结是和他人之间的。这些结的形成，多半出于要求与得到间的不平衡，加上某些误会，使彼此产生不满，结下怨恨。"那家伙太不够意思了"常常是造成朋友心结的主要原因。

第三种，心结是人与事物方面的障碍。像是对某些东西莫名的恐惧，怕蟑螂、怕蛇、怕坐飞机等。这些心结通常没什么道理或原因，只是单纯地怕。

若是自己知道自己心中藏着结，那么，这些结还不算深，不算紧，这就如同一个人越了解自己的弱点，所受的伤害越小一样。明白自己心结所在，勇敢地去面对，再逐渐地试着去解开，想办法化解，应该是消除心结比较好的方法。

解开心结就像一个瓶子，本来口是被堵住的，空气不能流通，只可以憋在里面，可突然打开了，十分的舒畅，空气不能流通，再也不用憋在里面了。也可以说一根绳子上打开个结，就如同心理上也打了个结，绳子上的结打开了，绳子一直到底，再也没有什么给堵住了，心理上的结也一样打开了，心理十分舒坦，再也没有什么颠簸了。

心结是一种压力，也可以说是一种疾病，是一种危害心理的疾病，这种病是不能药来医治的，只能靠自己打开，才能痊愈。有心结的时候，让人整天烦恼，做事不能专心，读书不能用心，吃饭没胃口，可谓吃不下饭，睡不着觉。没心结时，做什么事都特别来劲，读书也起劲，吃饭也有胃口了，所以解开心结的好处十分的多，能让我们更好的面对人生。

有句古话说的好："解铃还需系铃人。"有心结，一点都不丢脸，重要的是及早发现，及早解开。就如同看病一样，千万不可讳疾忌医。一个人若是连自己都不敢面对的话，那才是真正的弱者呢！

№ .6　把压力分解开来

如同你所制定的目标一样，压力也是可以被分解的。对于处于变化中的人们来说，以什么样的心态来应对外界的压力，将决定一个人的成败。其实，人们应付压力的能力在不断地增加，最重要的是要认清你自己，找准自己的定位。你可以有很高的自我期望，但必须要保持一种平和的心态。

你本来可以将现在的工作做得很好，但是你想做更重要的工作。如果你不立足于现在的话，能做好的事可能做不好，越想达到目标，心理上的压力会越大。一些自杀事件就是一种压力的爆发，在感觉无法达到目标时引发了绝望情绪。每个人都应该根据自己的特点寻找到最佳定位，做好本职工作也是一种成功。

最好的减压方式就是把压力进行分解，即把暂时达不到的目标分解为若干小单位，首先确定好这段时间做什么、下一阶段做什么，第一步要达到什么目标，第二步要准备怎么做，最终的目标是怎样的，不断积累经验和成果，你所期望的目标就一定会实现。

1984 年，在东京国际马拉松邀请赛中，名不见经传的日本选手山田本一出人意料地夺得了世界冠军，当记者问他凭什么取得如此惊人的成绩时，他说了这么一句话："凭智慧战胜对手。"当时许多人都认为，这个偶然跑在前面的矮个子选手是故弄玄虚。马拉松是体力和耐力的运动，只要身体素质好又有耐性就有望夺冠，爆发力和速度都在其次，说用智慧取胜，确实有点勉强。

两年后，在意大利国际马拉松邀请赛上，山田本一又获得了冠军。有记者问他："上次在你的国家比赛，你获得了世界冠军，这一次远征米兰，又压倒所有的对手取得第一名，你能谈一谈经验吗？"山田本一性情木讷，不善言谈，回答记者的仍是上次那句让人摸不着头脑的话："用智慧战胜对手。"这回记者在报纸上没再挖苦他，只是对他所谓的智慧迷惑不解。

十年后，这个谜团终于被解开了，山田本一在他的自传中这么说："每次比赛之前，我都要乘车把比赛的线路仔细看一遍，并把沿途比较醒目的标志画下来，比如第一个标志是银行，第二个标志是一棵大树，第三个标志是一座红房子，这样一直画到赛程的终点。比赛开始后，我就以百米冲刺的速度奋力向第一个目标冲去，等到达第一个目标，我又以同样的速度向第二个目标冲去。四十几公里的赛程，就被我分解成这么几个小目标轻松地跑完了。起初，我并不懂这样的道理，我把我的目标定在四十几公里处的终点线上，结果我跑到十几公里时就疲惫不堪了，因为我被前面那段遥远的路程给吓倒了。

山田本一说的不是假话，众多心理学实验也证明了山田本一的正确。心理学家得出了这样的结论：当人们的行动有了明确目标，并能把自己的行动与目标不断地加以对照，进而清楚地知道自己的行进速度和与目标之间的距离时，人们行动的动机就会得到维持和加强，就会自觉地克服一切困难，努力达到目标。确实，要达到目标，就要像上楼梯一样，一步一个台阶，把大目标分解为多个易于达到的小目标，脚踏实地向前迈进。每前进一步，达到一个小目标，就会体验到"成功的喜悦"，这种"感觉"将推动他充分调动自己的潜能去达到下一个目标。

在生活中，之所以很多人做事会半途而废，往往不是因为难度较大，而是觉得距离成功太遥远或者自己想象难度较大。他们不是因失败而放弃，而是因心中无明确而具体的目标乃至倦怠而失败。如果我们懂得分解自己的目标，一步一个脚印地向前走，也许成功就在眼前。

No.7 学会在逆境中微笑

"天将降大任于斯人也，必先苦其心志，劳其筋骨，饿其体肤，空乏其身，行拂乱其所为，所以动心忍性，曾益其所不能。"这是孟子的千古名言。他告诉我们一个简单的道理：吃得苦中苦，方为人上人。松下幸之助也曾说过，自古以来的伟人，大多是抱着不屈不挠的精神，从逆境中挣扎奋斗过来的。逆境，是每个人一生中跋涉穿越的一片沼泽地。历史上有多少英雄豪杰在这里翻身落马，又有多少平民百姓走出这片泥泞的沼泽，爬上成功的高峰，从此成为英雄豪杰。

J·K·罗琳是一个命运不济的人。大学毕业后，她在伦敦漂泊，靠打零工糊口。一次，她去曼彻斯特寻找大学时的男友，却未能找到，只好乘车返回伦敦。在火车上她闷闷不乐，当她看着窗外那可怜的黑白花奶牛时，她想到有一列火车载着一个男孩去巫师寄宿学校的情景。于是一个灵感一闪：一个小男孩在得到魔法学校邀请前，并不知道自己就是个巫师。但是她没有带纸笔，只好闭上眼睛，把浮现在脑海中的每个想法和细节都记住。回到家，她再把在火车上所想到的写在小本子上。很快，这样的小本子就装满了一鞋盒。她决定要写书。

后来，她与葡萄牙的一名记者结了婚。但很不幸，最终丈夫抛弃了她，她带着出生仅4个月的女儿去了爱丁堡。在妹妹的帮助下，靠政府的租房补贴租赁了公寓的一间卧室，她便在厨房的桌上完成了第一部作品的手稿。后来她就总在她妹夫公司的一个咖啡厅里继续她的创作，在女儿熟睡的时候，专心她的写作。就这样，1997年6月26日，她的第一部作品出版了，一问世就引起了轰动。这就是畅销书科幻小说《哈利·波特与魔法石》。1998年、1999年、2000年和2003年，这个系列小说的后四部陆续推出，一股"哈利·波特"的热潮在全世界迅速生成。如今，她的作品已被译成60多种语言，在200多个国家和地区行销2亿多册。

一个能够在逆境中微笑的人，要比一个面临艰难困苦就很容易崩溃的人伟大得多；一个能够在一切事情与他的愿望相悖时，仍能够保持微笑的人，是生活的成功者。没有人愿意同忧郁、阴沉、颓废的人待在一起；每个人见了他，都只是看看他，然后就会离开他。

大多数人不喜欢那些忧郁、阴沉的人，而会本能地愿意接近那些和蔼可亲、趣味盎然的人。如果要使他人喜欢我们，首先要使自己变得和蔼可亲和乐于助人。

人不应该让自己被感情俘虏，更不应把所有的计划、重要的问题，都用感情衡量。无论你遭遇的事怎样的不顺利，你都应该努力去调节自己的情绪，把你自己从不幸中解脱出来。如果你背向黑暗，面对光明，阴影会永远在你的后面！

快乐生活的学问，就是怎样去清除我们心中的敌人。假如你能够拒绝那些夺去你快乐的魔鬼；假如你能紧闭你的心扉，不让它们闯入；假如你能明白，这些魔鬼的存在，正是因为你的心情为它们提供了场所，那么，它们就不会再光顾你了。

把忧郁在数分钟之内驱逐出心境，这在一个精神良好的人是完全可以做到的。但多数人的缺点就在于不肯打开心扉，不肯让愉快、希望、乐观的阳光照进。他们不知道外面射入的一缕阳光会立刻消除黑暗！

在你感觉到忧郁、失望时，你应努力适应环境。无论遭遇怎样，不要反复想到你的不幸，不要多想目前使你痛苦的事情；要想那些最愉快最欣喜的事情，要以宽厚亲切的心情对待人，要说那些最和蔼最有趣的话，要以最大的努力来制造快乐，要喜欢你周围的人！这样，你很快就会经历一个神奇的精神变化：遮蔽你心田的黑影将会逃走，而快乐的阳光将照耀你全部的生命！

No.8 建立起良好的职场关系

《孙子兵法》有云：上兵伐交，中兵伐谋，下兵伐城。所谓职场如战场。据调查，在造成上班族工作压力的原因中，"人际关系的紧张"已排在压力源的第一位，在日益繁重的现代工作里，如何拥有并善用沟通已成为创造办公室和谐环境、提高工作舒心度和减轻压力的不二法门。

那么,不善于处理人际关系的职员怎样做才能减轻压力呢?首先在人际交往面前不要逃避和退缩,要从生活中的点点滴滴学习人际交往的方法和技巧。其次,在交往中不要对自己有完美主义的要求,不要太在意别人的看法。当你真正放松下来,你就会发现,别人其实很喜欢跟你交往,你自己的工作压力也会相应减轻。

周围的人处好关系非常重要,只有这样,你才能营造一个舒适的工作环境,愉快地做事。不妨试试下面的方法:

1. 避免个性冲突

就算是站在一边观看他人之间发生冲突,也不是令人愉快的事情,如果你自己也介入其中,那就更糟了。你必须接受这样一个事实:这个人是一个同事,而非朋友,并且告诉自己,我不需要这个人站在朋友的角度喜欢我,我只要把自己的工作做好就行了。

2. 避免与同事发生冲突

方法1:远离危险地带。冲突是双方面的,如果你坚持不被激怒,不参与冲突的话,另一方就会放弃,因为激恼一个不会发火的人并没有多少乐趣。

方法2:保持距离。如果可能的话,就远离现场,为什么要和别人僵持不下,破坏自己的好心情呢?如果你不可能离开的话,就尽量克制自己不要发表意见,以避免冲突。

方法3:不要失去控制。如果你沉迷于一个问题,并且将其大肆张扬的话,这是在浪费你的生命。如果你能低调处理的话,遇到的问题很快地就不成为问题了。将精力放在你喜欢的人和你喜欢的工作上吧。

3. 避免与老板失和

方法1:清楚地了解你和老板之间发生问题的起因,你才能够分别对待不同的问题。同时,应认识到老板所做的决定对老板的重要性,你也许需要妥协。

方法2:决定你的接受限度——哪些你会接受,哪些你坚决不接受。你也许会容忍老板粗心大意的毛病,但是在为老板圆谎的问题上,你也许会和老板划清界限。如果同事也为同样的事情烦恼，你可以从他们那儿获得支持，一同和老板进行理论。

方法3：和老板理论之前，进行充分的准备和排练，要有自信，但不要表现得粗鲁而有侵略性。告诉老板问题出在哪儿，并且提出解决方案。如果他遇事推诿，拒绝解决问题，你可以建议他在你提出问题之后立即解决。解释而非威胁，弄明白你接受的底线并且坚持下去。

4. 负责人要避免与下属失和

作为一个负责人，你必须做到在保持团队和谐的同时完成工作。给下属一些责任。当他们感觉到有责任时，他们就没有时间和别人吵架了。此外，嘉奖他们的工作业绩，就算是吃一顿午餐或邀请他们参加一次会议，都会使他们很快乐。

方法1：不要过分介入。当一些团队成员在争论或冷战时，不要介入，不要试图进行调解。他们是成年人，让他们自己解决，不过，你必须说明白，你要求他们及时出色地完成工作。

方法2：不要太凶恶，也不要太温和。叫喊和威胁解决不了问题，但也不要试图取悦每一个职员，这两种取向都非常糟糕，达不到任何效果。相反的，要直接、坦白、准确无误地告诉下属你的期望。如果有些人变懒惰了，就给他们定下最后期限：有礼貌地、清楚明白地告诉他们，你不会接受任何借口。

方法3：不要玩"最喜欢"的游戏。即使在团队中，有一个"亲近的"候选人存在，你也要保持友好和中立。

方法4：如果你感觉到紧张或不知如何提高时，你可以向你的上司寻求支持和建议。但是不要让上司介入，要自己处理这些问题，如果你希望下属仍然尊重你的话。

5. 善于与外来人员共事

方法1：练习你的人际交往技巧。你很有可能和广泛人群接触，因此，努力和他们所有人都保持良好关系就非常重要了。平等地对待每一个人，对人礼貌、友好，并尊重他们。

方法2：不要打击任何人。你认为不如你的雇主可能为公司带来一份重要的契约。所以，保留你的判断，培养出友好的声音和温暖的笑容。

方法3：将个人情感放在一边。如果你实在不能和某人友好相处，那你只好苦笑着忍受他了。例外的情况是他侮辱你或公开挑衅，这时候，你有权就他的行为向上司抱怨。

对于那些刚从学校里出来、自我意识较强的大学生，来到社会错综复杂的大环境里，更应在人际关系上调整好自己的坐标。学历也许可以为你敲开职场的大门，良好的人际关系才能让你在职场中如鱼得水，游刃有余。在漫长的征途中，你需要在与人的交流中保持持久的动力。无论是在工作或是在休息的时候，也要寻找与某些事情的关联，在事业圈里凭借着自己的人际关系加薪升职。

No.9 控制你的心理压力阀

对待压力的态度，常常会影响一个人的情绪，当一个人处于积极情绪的巅峰时，他可以轻松应对"坏消息"，很少焦虑，身体的活力，胃口和睡眠，都达到最佳状态。而在另外一些的时候，当一个人变得多愁善感，没有活力，不想吃，想睡时，他正处于沮丧时期，再好的消息，也激不起其丝毫的兴趣。在沮丧的最低点，人会觉得天空一片阴霾，世界末日就要来临了。

为什么在对待压力的态度上会有如此大的差别呢？为什么有些人面对压力的时候，心理调节得好，有的人调节得差？不要着急，先让我们来看一个比喻——压力阀。压力阀是当介质的压力达到阀的设定值后将多出的压力排出的阀门。压力阀在很多设备上都有用处，比如蒸发器和压力锅都是用压力阀来调节内部压力，保证机器的正常运转。如果把人的心理看作一个高速运转的机器，那你的内心也一定隐藏着一个你并不曾在意的"心理压力阀"。

如果下次你处于情绪的低谷，不停地抱怨压力太大，快被"逼疯"时，请你立刻停止这样的想法，因为你心理的"压力阀"就握在你的手上。是你，而不是别人，给你"加压"或"减压"。在同样的负担下，谁更善于控制这些"心理压力阀"，谁的心理和身体就更健康。你会发现，只要善于对情绪进行适当的管理，你就可以从强大的情绪压力中解放出来。

通常，人们对压力的管理有三种方式：压抑，放任和恰当地表达。前两种是"加压"的方式，而只有后一种恰当地表达情绪，才是良好的"减压"方式。在生活、学习中碰到问题是很正常的，每个人都会遇到。重要的是，我们面对问题时所采取的态度。遇到问题，你是绕开走，拖拉，依赖他人，犹豫不决？还是勇敢面对，立即行动？

前一种选择，在短时间内可以减轻你的压力感，但治标不治本，而后一种选择，才是长远的"减压"方法。在生活中，除了面对问题会让你感到压力之外，对自我的态度不当，也会让你倍感压力。当你陷入自卑的时候，你会觉得"无能为力"，它让你面对问题时回避和压抑自己的情绪，抱怨和发牢骚，自我孤立、内疚……显然，自卑的态度只会给你"加压"。如果你选择自信、自尊的态度，结果就会好很久。自信的态度是"我能行"，它让你很少担忧、怀疑、犹豫不决，让你更可能成功；自尊的态度是"我知道自己的价值"，它让你不必担心别人对你的看法，不必为别人的批评感到愤怒或惶恐不安。

对待他人的态度，也会影响你的情绪。合作、分享、互爱、互相尊重的态度，可以让你获得他人的赞许、关心、支持与爱。如果你是"自我中心"类型，将导致社会适应及人际关系上的重大压力。"自我中心"有许多不同的类型。"自我重要型"的人常常认为"没有我，地球就不转了"。他们凡事都会大包大揽，直到耗尽自己的能量。而"自恋型"的人，内心总会认为"谁也比不上我"。他们会控制、指责、攻击他人，而这样做的直接后果就是被他人孤立。

还有一种"焦虑型"的自我中心，他们觉得"别人都盯着我的毛病"，于是就会表现得退缩、依赖、害怕失败，结果反倒是失败和受到伤害。而"虚荣型"的自我中心，则是最令人厌烦的。他们那种炫耀式的眼神和作风，无时无刻不透露出"看着我"的信息。这种态度会导致人际关系恶化，最终形成强大的人际压力。

除了上述两个层面外,还有很多减少心理冲突,缓解情绪压力的方法。比如,对目标和时间的管理。认清自己的目标和掌握管理时间的方法,能够产生满足感、控制感、减少心理冲突、减少情绪压力。再比如,当你发现自己成就动机过高,也就是"我必须考第一""我必须组织好这次全校的排球比赛"等想法过多时,你就是在给自己"加压"。

那么,理想的"减压"想法是:"我尽力而为""乐在追求的过程中"。当然,如果你曾经主观、片面、绝对化地评价事物,给你带来坏情绪,你也可以通过改变既往的思维方式来减压。你还可以通过选择良好的生活方式,来调节自己的情绪。适当的休息、健康的饮食和娱乐、都是有利于心理健康的方式。体育锻炼也是消除心中忧郁的好方法。体育活动一方面可以使注意力集中到活动中去,转移和减轻原来的精神压力以及消极情绪;另一方面,还可以加速血液循环,加深肺部呼吸,使紧张情绪得到松弛。因此,应该积极参加体育活动。总之,可以通过各种各样的方法。缓解自己的情绪压力。

No.10 改变坚持的态度

有位现代很知名的作家讲述自己成功的秘诀,他说自己的成功第一要归功于坚持,第二也是坚持,第三还是坚持。忽然有人问:有第四吗?在场的人都笑了。"如果有第四,那就是放弃。"作家很认真地告诉提问的人说,"如果你的坚持仍不成功,恐怕就是你努力的方向出了问题,或者是你的才能与成功难以匹配,这个时候,放弃比坚持更难得,也是你最明智的选择。你应当及时调整自己,寻找新方向。"

我们常说坚持是成功的第一要义,但往往是我们坚持再坚持,压力越来越大,成功仍然没有出现,那么不妨选择放弃。有时候放弃是一种睿智,它比坚持更为重要。心态从容,进退有据,放弃实际上也是一种选择,没有明智的放弃就不会有辉煌的选择。常言道："不要一条路走到黑"，"不能在一棵树上吊死"，话虽浅俗，但道路却千真万确。

天地之间放弃与获取是矛盾的统一体，弃取相互依存，相互制约。人们的情感总是希望无穷尽地获取，不甘放弃，于是便有了郁闷、压力、困惑、无奈等心情。这时候，现实生活将逼迫你交出既得利益，怎么办？只有放弃，明智地放弃。看似放弃努力，细想一下，其实是放弃心中难言的痛苦，放弃痛苦也就意味着解脱。能够做到这一点很不容易，它需要你的心胸与勇气。当你放弃的同时就会有新的发现、新的转机，于是，我们也就真正懂得了"失之东隅，收之桑榆"的真谛。

当今社会，可以说是瞬息万变的，如果墨守成规，恐怕迟早要被淘汰。以前，我们接受的教育很传统，不仅扼杀了不少人的创造力，也抹杀了我们的棱角和个性。而聪明的人，能很快的适应现在的环境，但大部分人，却依然固守着自己的老传统。因为害怕付出代价，而错过了无数可以改变生活的大好机会，而这些机会，是不会再来的。

其实，规则是掌握在我们自己手里的。虽然规则是约定俗成的，但并不是没有别的方法和方式，如果不知道改变，只一味的遵守规则，是注定要落在别人后面。不过，规则也有存在的意义，超出了允许的范围，肯定要受到惩罚。学会变通，而不是主观的臆断，才是真正的成功之路。

无论对内变通或是对外变通，学会变通是一项基本技能，因为，客观情况在不断变化，我们也要变得灵活变通，随机应变。

种子落在土里长成树苗后最好不要轻易移动，一动就很难成活。而人就不同了，人有思维，遇到了问题可以灵活地处理，用这个方法不成就换一个方法，总有一个方法是对的。做人做事要学会变通，不能太死板，要具体问题具体分析，前面已经是悬崖了，难道你还要跳下去吗？不要被经验束缚了头脑，要冲出习惯性思维的牢笼，执着很重要，但盲目的执着是不可取的。

我们先来看一则寓言故事：

美国威克教授曾经做过一个有趣的实验：把一些蜜蜂和苍蝇同时放进一只平放的玻璃瓶里，使瓶底对着光亮处，瓶口对着暗处。结果，那些蜜蜂拼命地朝着光亮处挣扎，最终气力衰竭而死，而乱窜的苍蝇竟都溜出细口瓶颈逃生。

这一实验告诉我们：在充满不确定性的环境中，有时我们需要的不是朝着既定方向执着努力，而是在随机应变中寻找求生的路；不是对规则的遵循，而是对规则的突破。我们不能否认执著对人生的推动作用，但也应看到，在一个经常变化的世界里，灵活的行动比有序的衰亡好得多。

只知道执着的蜜蜂走向了死亡，知道变通的苍蝇却生存了下来。执着和变通是两种人生态度，不能单纯地说哪个好哪个不好。单纯的执著与单纯的变通，二者都是不完美的。只有二者相辅相成才能取得最后的成功，我们要学会执着与变通二者兼顾。

№.11 多点"阿Q精神"

鲁迅先生笔下的阿Q被打之后，其潜意识认为"这是儿子打老子"；被绑缚刑场，死到临头还高喊："20年后又是一条好汉……"我们可以设想一下，阿Q生活在那样的社会里，倘若没有那么一点可怜的求存精神，那么他不被活活气死，也得气疯。如此看来，阿Q的自嘲、自慰，实质上是心理平衡的需要，自然也是其生存的需要。

现实生活中，阿Q的思维和行为在不少人身上或多或少地存在着，只是其存在的形式和表现方法有别。比如：有的男人在外边受了气，回家拿老婆出气；老婆受了气，回头打孩子，医学上这叫"心理转移反映"。虽然这种"心理转移反应"不合理，但当事人通过这种心理转移，却卸掉了部分心理压力。

鲁迅先生曾经指出人性中的精神胜利法即著名的"阿Q精神"，我们在嘲笑这个人物的同时可曾想过，面对生活中的诸多无奈，我们在屈服的同时，还是要表现出相当的乐观。精神胜利，有时也是我们在大千世界中前行的利器。

伊索寓言说，一只狐狸吃不到葡萄，就说葡萄是酸的。心理学上将这种"合理化"变恶性刺激为良性刺激，以求心理自我安慰的现象，称为"酸葡萄与甜柠檬"心理。作为一种内心的自我平衡的方法。从这些意义上来说，学一点"阿Q精神"，还是应该的，而且也是必须的。

人生一世，总有可能在某个时候、某个阶段会遭到不幸，甚至处于单凭个人力量无法摆脱的艰难困境，在这个时候尤其需要来一点自我解嘲，拿自己"开开涮"，调节自己的情绪，平衡自己的心态。

归纳一下，生活中的"精神胜利法"大体有以下几种：

一是遇到不顺心的事，假设一下"如果事情比这更糟糕"而求得心理上的宽慰和满足。例如，在商场购物遇窃，丢了100元钱，开始有点懊恼，转又想："假如兜里装着1000元，损失岂不更大？"这么一想，倒生出几分"庆幸"之感，懊恼之意立马烟消云散。

二是要和进步快的比，使自己有个奋斗目标，但一味地往上攀比，就会比出怨气、不服气等不健康情绪，和那些不如自己的人相比，就可以得到心理上的平衡。要全面比，不要单项比。即使与进步快的比，也不要只比职务高低、收入多少，而应当从人品、素质、家庭、身体等诸多方面，进行全方位的比较，你总有比他强的方面。

三是"退一步海阔天空"。夫妻之间、长辈和晚辈之间，闹点矛盾是常有的事，有时为了一点个人的利益或面子，争得面红耳赤，弄得心态失衡，其实大可不必。只要不是重大原则问题，得让人处且让人，吃点小亏、受点委屈又何妨。这种容忍和让步，并不表示你的无能和失败，反而显出你的大度和宽容。

四是发生一起灾难，当你认为这道坎过不去了，于是就产生了消极的情绪。其实事情远没有你想象的那么严重。遇到这种情况时，我们应该想到，时间往往能淡化人生坎坷造成的心灵伤痛，别看现在好像有点"过不去"，若干时间过后，回头看来不过是小事一桩，是人生道路上一个小插曲。有些从下岗工人刚丢掉铁饭碗也是非常失落，但他们把人生的压力变成了打拼的动力，发奋进取，艰苦创业，最终也开拓了一番新的事业。

人总是要有一点精神的。尤其是在处于无奈、无助甚至无望的境况时，更需要人们用内在的精神力量来支撑自我。"精神胜利法"就蕴涵着一种柔韧的精神力量，它是一种自沉的积极的精神博弈，一种心灵上的自慰，是通向高层次精神的一种修养之道。实践证明，坚持这样做，对人们走向光明的未来大有好处。

当然，多一点"阿Q精神"是有限度的，不能太多，它只能作为人生"短暂的策略"，只能作为自己临时摆脱不良心境的"权宜之计"，只能作为摆脱一时困境的"不得已获的方法"，从这一意义来说，只能来"一点点"，该前进还得前进，该奋斗还得奋斗，该支持公道的还得公道，该说理的还得说理的。换句话说，精神胜利似的安慰是暂时性的缓解，药不对症，病没除根，只会养成大患。

No.12 拿得起，放得下

老和尚携小和尚游访，途遇一条河，见一个女子正想过河，却又不敢过。老和尚便主动上前背该女子趟过了河，然后放下女子，与小和尚继续赶路。小和尚不禁一路嘀咕：师父怎么了，竟敢背一个女子过河？一路走，一路想，最后终于忍不住了："师父，你犯戒了，怎么背了个女人？"老和尚叹道："我早已放下，你却还放不下！"

在现实生活中，"放不下"的事情实在太多了。比如子女升学，家长的心就首先放不下；又比如老公升职或者发财，老婆也会忐忑不安放不下心，怕男人有钱变坏了；再如遇到挫折、失落或者因说错话、做错事受到上级和同事指责，以及好心被人误解受到委屈，于是心里总有个结解不开，放不下等。

长此以往势必产生心理疲劳，乃至发展为心理障碍。

处于上述各种状况时，最简单可行的方法就是"放得下"。老和尚既然已经放下，小和尚又何必把这件事放在心里呢？

我们常说一个人要拿得起，放得下。而在付诸行动时，"拿得起"容易，"放得下"却难。所谓"放得下"，是指心理状态，就是遇到"千斤重担压心头"时能把心理上的重压卸掉，使之轻松自如。在这个世界上，为什么有的人活得轻松，而有的人活得沉重？前者是拿得起，放得下；而后者是拿得起，却放不下，所以沉重。所以，人生最大的包袱不是拿不起来，而是放不下。人生最大的选择就是拿得起，放得下。只有这样，你才活得轻松而幸福。

20多年前，一个女孩子在北京的一所大学上学。大部分日子她都在疑心、自卑中度过。她疑心同学们会在暗地里嘲笑她，嫌她肥胖的样子。她不敢穿裙子，不敢上体育课。大学时期结束的时候，她差点儿毕不了业，不是因为功课太差，而是因为她不敢参加体育长跑测试！老师说："只要你跑了，不管多慢，都算你及格。"

可她就是不跑。她想跟老师解释，她不是在抗拒，而是因为恐慌，恐惧自己肥胖的样子跑起步来太愚笨，会遭到同学们的嘲笑。可是，她连给老师解释的勇气也没有，茫然不知所措，只能傻乎乎地看着老师。

她就是央视著名节目主持人——完全依靠才气而丝毫没有凭借外貌走上这一岗位的张越。再优秀的人也曾经自卑过，自卑是可以彻底摆脱的。其实只要你轻松地走出来，你就会发现你曾经的想法有多么可笑——世界上没有一个人会和你一样在意你自己。

一位农夫和一位商人在街上寻找财物。他们发现了一大堆未被烧焦的羊毛，两个人就各分了一半捆在自己的背上。归途中，他们又发现了一些布匹，农夫将身上沉重的羊毛扔掉，选些自己扛得动的较好的布匹；贪婪的商人将农夫所丢下的羊毛和剩余的布匹统统捡起来，重负让他气喘吁吁、行动缓慢。

走了不远，他们又发现了一些银质的餐具，农夫将布匹扔掉，捡了些较好的银器背上，商人却因沉重的羊毛和布匹压得他无法弯腰而作罢。这时天降大雨，饥寒交迫的商人身上的羊毛和布匹被雨水淋湿了，他踉跄着摔倒在泥泞当中；而农夫却一身轻松地回家了。他变卖了银餐具，生活富足起来。

拿得起，放得下。正如我们人生路上一样，大千世界，万种诱惑，什么都想要，会累死你，该放就放，你才会轻松快乐一生。

№.13　找回快乐的钥匙

不良压力常常能严重破坏人的情绪，比如暴躁、愤怒、忧虑、沉默等。当一个人因压力而让他的情绪坏到可以让他自己发疯的地步，的确是一件可怕的事情。没有谁愿意和一个发疯的人在一起。

情绪破坏的唯一结果就是失去快乐，失去笑容，让你在痛苦中沉沦下去。

著名专栏作家哈理斯的朋友丹尼尔就是一个面对压力但永远快乐的年轻人。

丹尼尔是一家广告公司的业务员，每周要接听超过200个业务电话，拜访超过60个客户，还要完成老板定下的超强的业务定额，如果完成不了，随时面临失业。

有一次，哈理斯和丹尼尔在报摊上买报纸，丹尼尔礼貌地对报贩说了声谢谢，但报贩却冷口冷脸，没发一言。"这家伙态度很差，是不是？"他们继续前行时，哈理斯问道。

"他每天晚上都是这样的。"丹尼尔微笑着说。"那么你为什么还是对他那么客气？"哈理斯问他。丹尼尔答道："为什么我要让他决定我的行为呢？"

……

一个成熟的人能够握住令自己快乐钥匙，他不期待别人使他快乐，反而能将快乐与幸福带给别人。每人心中都有把"快乐的钥匙"，但我们却常在不知不觉中把它交给别人掌管。

一位业务员抱怨道："我活得很不快乐，因为我经常碰到糟糕的客户。"他把快乐的钥匙放在别人手里。

一位职员说："我的老板很苛刻，叫我很生气！"他把钥匙交在老板手中。

一位经理人说："我的竞争对手太强大了，我真命苦！"

一位美女说："工作压力太大，我开始变老了！"

……

这些人都做了相同的决定，就是让别人来控制自己的心情。

有两个好朋友，相伴一起去遥远的地方寻找人生的幸福和快乐，一路上风餐露宿，在即将到达目的地的时候，遇到了风急浪高的大海，而海的彼岸就是幸福和快乐的天堂。关于如何渡过大海，两个人产生了不同的意见：一个积极地想办法克服困难，建议采伐附近的树木造一条木船渡过去；另一个则从没想过要挑战困难，他认为无论哪种办法都不可能渡过，与其自寻烦恼和死路，不如等大海的水流干了，再轻轻松松地走过去。

于是，建议造船的人每天砍伐树木，辛苦而积极地制造船只，并顺带着学会了游泳；而另一个则每天躺下休息，然后观察海水流干了没有。直到有一天，已经造好船的朋友准备扬帆出海的时候，另一个朋友还在讥笑他的愚蠢。

不过，造船的朋友并不生气，临走前只对他的朋友说了一句话："也许我到不了快乐的彼岸，但是如果我不尝试，快乐的彼岸是不会自己走到我面前的。"

行动并不总能带来快乐，但是没有行动就肯定没有快乐。

大海终究没有干枯。

是的，要到达快乐的彼岸，我们就必须付出努力，并且要不畏困境。而我们要在现实中收获快乐，就必须有意识地调整自己的心态，积极勇敢地面对让我们不快乐的问题，并且做一些能让自己时常感到快乐的事情，主动地、勇敢地让自己快乐起来！

快乐不是等待就可以得到的，快乐需要我们主动去创造、发现和体会。

我们不去赚取财富，就无法花掉它一样；如果我们不去创造幸福与快乐，就不可能去享受它。故事和经验来告诉我们，原来生活可以有快乐的一面，只要你从另外一个角度去看生活——我们都可以在快乐中获得重生。

一个成熟的人握住自己快乐的钥匙，他不期待别人使他快乐，反而能将快乐与幸福带给别人。他的情绪稳定，为自己负责，和他在一起是种享受，而不是压力。

你的钥匙在哪里？在别人手中吗？快去把它拿回来吧！

№.14 让自己有一个积极的情绪

一个人如果缺乏热忱，是难以成就大事的。

法国英雄圣女贞德凭着一柄圣剑和一面圣旗，外加她对自己使命坚定不移的信念，为法国的部队注入了即使国王和大臣也无法提供的热忱。正是她的热忱，扫除了前进道路上的一切阻碍。

一旦缺乏热忱，军队无法克敌制胜，艺术品无法流传后世；一旦缺乏热忱，人类不会创造出震撼人心的音乐，不会建造出令人难忘的宫殿，不能驯服自然界各种强悍的力量，不能用诗歌去打动心灵，不能用无私崇高的奉献去感动这个世界。也正是因为热忱，伽利略才举起了他的望远镜，最终让整个世界都拜倒在他的脚下；哥伦布才克服了艰难险阻，领略了巴哈马群岛清新的风情。凭借着热忱，自由才获得了胜利；凭借着热忱，莎士比亚才在纸上写下了他们不朽的诗篇。

美国著名社会活动家贺拉斯·格里利曾经说过，只有那些具有极高心智并对自己的工作有真正热忱的工作者，才有可能创造出人类最优秀的成果。

The Rule of Pressure for Top 500 Enterprises in The World

萨尔维尼也曾经说:"热忱是最有效的工作方式。如果你能够让人们相信,你所说的确实是你自己真实感觉到的,那么即使你有很多缺点别人也会原谅。最重要的是,要学习、学习、再学习。你一定要热忱,否则,再有才华也会一事无成。"

吉宁斯·鲁道夫的热忱,使他一生在政坛平步青云。鲁道夫自西弗吉尼亚沙朗大学毕业之后,以压倒性的胜利,击败资深、经验丰富的对手,当选国会议员。出于他成功地整合其他的国会议员,罗斯福总统特别重用他,主导战时的特别立法。

在一群华盛顿的教授所做的一项调查中,罗斯福和鲁道夫获选为当时最受欢迎的政治人物。鲁道夫的热忱与无边的魅力,使他的积分还超过总统。担任14年的国会议员之后,鲁道夫决定转入企业。

他担任首都航空公司总裁的助理,当时公司的营运正出现赤字。不到两年的时间,他发挥无可抵挡的魅力,便公司的获利超越其他的航空公司。

提到鲁道夫的亲和力,首都航空公司的总裁说:"他的贡献超过他的薪水。除了他实际执行的工作,更重要的是,他的热忱鼓舞了公司里其他的人。"

热忱,就是一个人保持高度的自觉,就是把全身的每一个细胞都调动起来,完成他内心渴望去完成的工作。正是出于这种热忱,维克多·雨果在写作《巴黎圣母院》的时候,把自己的外衣都锁入柜中,一直到作品完成以后才拿出来。他这么做的目的,就是为了能够全神贯注地投入工作。

一位非常成功的业务经理说,热忱是优秀的推销员最重要的物质。"握手时要让对方感觉到你真的很高兴和他见面。"他说。

值得注意的是:虚情假意是骗不了人的。过分的热心、刻意地迎合别人,每个人都可以看得出来,也没有人会相信。

热忱并非与生俱来,而是后天的特质。你也可以拥有。几乎每一次和别人的接触,你都在尝试推销某种东西给对方。因此,你必须先说服自己,你的理念、你的产品、你的服务或是你自己，是值得肯定的。严格地检视，找出缺点，立即改进。由衷地肯定你的理念及产品。

培养、展现和分享热忱，是低调做人精神原则的完美表现，也是精明处世的保证。当你以热忱完成你的工作时，就是更进一步的表现，你已在你的周围创造出成功的意识，而此成功意识无可避免会对他人造成更好的影响。你在这个世界上付出的热忱越多，就愈能得到你想得到的东西。

有三个人做了一个游戏，要在纸片上把他们曾经见过的印象最好的朋友的名写下来，还要解释为什么选这个人。结果公布后，第一个人解释了他为什么会选择他所写下的那个人："每次他走进房间，给人的感觉都是容光焕发，好像生活又焕然一新了一般。他热忱活泼，乐观开朗，总是非常振奋人心。"

第二个人也解释了他的理由："他不管是什么场合，做什么事情，都是尽其所能、全力以赴。他的热忱感动着每一个人。"

第三个人说："他对一切事情都尽心尽力，所付出的热忱无人能比。"

这三个人都是英国几家大刊物的通讯记者，他们见多识广，几乎踏遍了世界的每一个角落，结交过各种各样的朋友。他们互相看了对方纸片上的名字之后，发现大家竟然不约而同地写上了澳大利亚墨尔本一位著名律师的名字。而这位律师正是以热忱闻名于世。

No.15 坚忍的内心

在精明处世过程中，坚忍不拔是重大要素。

坚忍不拔就是一种即使面临失败、挫折仍然继续尝试的能力。有人研究发现，正确对待逆境的销售人员、军校学员、学生和运动员能从失败中恢复并继续坚持前进，而当遇到逆境时不能正确对待的人则放弃了。

其实，胜利的意思就是重新站起来的次数比被打倒的次数多一次。

有一位推销员，在为公司推销日常用品。有一天，他走进一家小商店里，看到店主正忙着扫地，他便热情的伸出手，向店主介绍和展示公司的产品，然而对方却毫无反应，默然地望着他。

推销员一点也不气馁，他又主动打开所有的样本向店主推销，他认为，凭自己的努力和推销技巧一定会说服店主购买他的产品。但是，出乎意料的是，那店主却暴跳如雷起来，用扫帚把他赶出店门。并说：如果再见他来，就打断他的腿。

推销员却没有愤怒和感情用事，他决心要查出这个人如此恨他的原因。于是他就去询问其他推销员，了解那个店的情况，终于他了解了店主对他不满的理由了。原来，是他的前一任推销员推销不当遗留下来的问题，由于前任推销员的失误，使得那个店主存货过多，积压了大批资金。

这个推销员就疏通了各种渠道，重新做了安排，请求一位较大的客户以成本价格买下他的存货，不用说，在这之后他受到店主的热烈欢迎。

这个推销员运用自己坚忍不拔的精神，在坚持中不断的寻找突破逆境的途径，这是精明处世的表现。

在人生的道路上坚忍不拔是很重要的一个环节，如果你没有恒心毅力的话，就会无法忍受挫折和失败，甚至在生活的道路上刚一迈步，就被逆境打倒，只有坚忍不拔，你才能是赢家。

有些成功的人培养恒心毅力，是出于需要，他们把恒心毅力培养成一种习惯，因为他们为周围的切身局势所迫，不得不坚持到底。那些已培养出恒心毅力的人似乎像保了险一样，乐于不再失败。无论他们再受挫多少回，仍将坚持朝成功的顶端迈进，直至抵达为止。有时候，仿佛是有位隐形的指引者，借着各式各样的磨难摧折来考验成功路上的前进者，那些在失意之后，收拾好自己，卷土重来，坚持继续努力尝试的人，终将成功。隐形向导是不会让没有通过耐力考验的人坐享巨大成就的，它们只偏爱那些坚忍不拔的人。不论他们所追求的是什么目的，都能如愿以偿，以此作为吃苦耐劳坚忍不拔的补偿。

当我们观察成功人士的环境时，会发现他们的背景各不相同。那些大公司的经理、政府高级官员以及每一行业的知名人士都可能来自清贫的家庭、破碎的家庭、偏僻的乡村甚至于贫民窟。这些人现在都是社会上的领导人物，他们都经历过艰难困苦的阶段，具有很强的挫折承受能力。这些是他们的成功素质之一。

英国首相丘吉尔是一个非常有名的演讲家，也非常推崇坚忍不拔的精神。他生命中的最后一次演讲是在一所大学的结业典礼上，那次演讲的全过程大概持续了20分钟，但是在那20分钟内，他只讲了两句话，而且都是相同的：坚持到底，永不放弃！坚持到底，永不放弃！

这场演讲是成功演讲史上的经典之作。丘吉尔用他一生的成功经验告诉人们：成功根本没有什么秘诀可言，如果真是有的话，就是两个：第一个就是坚持到底，永不放弃；第二就是当你想放弃的时候，回过头来看看第一个秘诀。

在人生的道路上要具有敏锐的目光、果断的行动和坚忍不拔的毅力。用你敏锐的目光去发现机遇，用你果断的行动去抓住机遇。最后还要用你坚持的毅力才能把机遇变成真正的成功。

人生有两杯水，一杯是苦水，另一杯是甜水，只不过不同的人喝甜水和喝苦水的顺序不同。低调做人者往往先喝的是苦水，后喝的是甜水；一般人都是先喝甜水，再喝苦水。坚持的毅力非常重要，面对挫折时，要告诉自己：要坚持，再来一次。

面对挫折时，要记住告诉自己不要服输，失败永远不会是定局，失败的本质就是这个失败根本就没有失败，只是暂时的还缺乏条件。

让我们记住丘吉尔的话：坚持到底，永不放弃！

克尔曾经是一家报社的职员。他刚到报社当广告业务员时，对自己很有信心，他给经理提出不要薪水，只按广告费抽取佣金。经理答应了他的请求。

于是，他列出一份名单，准备去拜访一些很特别的客户，都是些招揽不成功的。公司里的业务员都认为那些客户是不可能与他们合作的。

在去拜访这些客户前，克尔把自己关在屋里，站在镜子前，把名单上的客户念了10遍，然后对自己说："在本月之前，你们将向我购买广告版面。"

他怀着坚定的信心去拜访客户，第一天，他和20个"不可能的"客户中的3个谈成了交易；在第一个星期的另外几天，他又成交了2笔交易；到月底，20个客户只有一个还不买他的广告。

在第二个月里，克尔没有去拜访新客户，每天早晨，那拒绝买他的广告的客户的商店一开门，他就进去请这个商人做广告，而每天早晨，这位商人却回答说："不！"每一次，当这位商人说"不"时，克尔就假装没听到，然后继续前去拜访。到那个月的最后一天，对麦克已经连着说了30天"不"的商人说："你已经浪费了一个月的时间来请求我买你的广告，我现在想知道的是，你为何要坚持这样做。"

克尔说："我并没浪费时间，我等于在上学，而你就是我的老师，我一直在训练自己坚忍不拔的精神。"那位商人点点头，接着克尔的话说："我也要向你承认，我也等于在上学，而你就是我的老师。你已经教会了我坚持到底这一课，对我来说，这比金钱更有价值，为了向你表示我的感激，我要买你的一个广告版面，当作我付给你的学费。"

克尔完全凭着自己在挫折中的坚忍不拔精神达成了成功的目标，在我们的生活和事业中，往往是因为缺少这种精神而和成功失之交臂。

No.16 学会释放压力

心理压力有两种：一种对你有益，另一种则对你有害。当你对某件事情感兴趣的时候，那就是有益的压力。有害的压力有时也会产生同样的生理反应，只是这些反应对你的身体并没有好处。因此，必须控制这种压力，具体可采用以下方法。

1. **培养正确的态度**

把压力视为生命中的转机或挑战。如果能接受这些挑战,你会更加了解自己,也能培养面对这些压力情境的有益技巧,以免伤人伤己。另一方面,你更能掌握自己的人生方向,更有信心面对未来、迎接挑战。

2. **辨别轻重缓急**

不要操之过急,也不要同时处理许多事情。为你生命中重要的事件排列顺序,可以避免突发事件而导致的危机。掌握轻重缓急,让你能正确对待潜在压力的利弊得失。通常,较不重要的事件压力比较小。

要花多少时间和精力来消除压力情境,必须要先看这个情境对你长期和短期目标的关联性有多大。如果你的目标远大,就会容易遭受类似喜怒无常的老板、办公室政治、资源不足等短期目标所带来的压力。因为轻重缓急由你控制,所以,你也能控制大多数工作所产生的压力。若能进一步结合前面学到的时间管理技巧,来决定轻重缓急的顺序,更能让你掌握决策技巧,不致偏离目标,对日常工作便能得心应手。

3. **保持弹性**

了解你的目标和工作的轻重缓急有助于缓解压力。但是,如果过于择善固执,反而会助长压力的产生。天有不测风云,当你碰到突如其来的压力,要将其视为成长的机遇,而非破坏的来源,并勇敢地接受它。

不要认为自己的想法或感觉一定是正确的。避免旧调重弹、翻老账、迁怒别人,也不要埋怨老天爷对你如何不公平。生命掌握在你手中。所以,你要善用天赋的权力与能力。尽量保持客观、心胸开放。不要期望别人的行为会前后一致,而要在危机中寻找转机,以达到你的目标。

4. **别把自己的价值观强加在他人身上**

当你期待别人在特定情境要和你有同样表现时,你就已经对那个人塑造了一个错误形象。这就是所谓的"偶像化",因为你看不到也不愿意接受这个人的本来面目,只愿接受你所塑造出来的形象。如果那个人的表现无法达到你预期的目标,你就会非常失望,挫折和愤怒也会随之而来。

对别人的期望要实际。要容忍别人有不同的价值观和经验,同样,也不要活在别人不实的期待中。不妨把你的需要和这些人讨论，看他们是否愿意接受你的需要。如果他们不愿意，那么你就注定要失败了。

5. 及时沟通

只注意压力的征兆，却忽略导致压力的原因，而且在尚未排除压力产生的内在原因之前，压力虽然可以暂时地缓解，但却只是治标不治本，并可能会导致更糟的结果。与其注意压力的征兆，不如把这个征兆当作线索，去试图找出产生压力的原因并加以矫正。

让那些造成你压力来源的人知道你的感受："我一个人留在办公室时，就感觉好像要被工作压垮了，无法集中精神做我分内的事。"因此，不妨就如何解决压力的话题开始谈起："你迟到的时候，我必须帮你做事，哪一天如果我要早点离开，你可不可以也帮我处理一下？"以试图减轻工作负担过重所产生的压力。

6. 保持客观

随时留意你的长期目标，理出先后顺序，能让你掌握全局，并且避免受到不必要的干扰。一旦意料之外的事情发生，你的情绪也不会受到波及。

7. 接纳现状

不要把时间浪费在无法改变的事物上，尽量在你使得上劲的地方下工夫，努力寻找改善现状的契机。接受你无法施展影响力的事实，并不表示你得放弃希望，它意味着你可将精力转移到别的地方，而有不同的转变。

下面是几点协助你克服这些难熬处境的办法。

（1）提醒自己这种令人不快的情境，都会事过境迁。

（2）了解并接受压力的事实，但不要被任何负面的情绪打倒。

（3）专心于有益达到你短期或长期目标的工作上。

（4）对别人的敌意及粗鲁态度不要太敏感，那是他们的问题，不是你的。

（5）靠自己的力量来渡过难关，天助自助者。

（6）吃一顿丰盛晚餐、看一场电影、休个假、买个小礼物奖励自己，这能让你精神为之一振。

8. 深呼吸

面临压力时,最好让你自己暂时脱离焦虑的情境。所以,呼吸一点新鲜空气,舒服地坐在桌子前,闭上眼睛,从嘴巴吐气。只要重复几次这个动作,就能消除压力。

这个方法如果能和视觉影像配合,效果会更好。一边深呼吸时,一边想像问题解决、压力消除之后的快乐情景。然后问问自己,要怎么做才能达到那样的结果。而这个答案就是你的行动计划。

把深呼吸和视觉影像配合的好处是,使你在轻松的状态下集中注意力。这种轻松的、注意力集中状态,就是你的成功之论。它让你了解,你不一定要不择手段才能得到想要的东西。

9. 采取行动

找出问题症结,针对事件设定策略来克服难题。不要让你自己沦为压力或他人故意行为的受害者。如果你总是在回应别人,你永远无法掌握自己的人生,而且,如果你总是随便发火,只会让自己更容易受到伤害。

想想那些让你愉快、能激励你、对你长期目标有益、能让你有成就感的事。然后采取必要行动,以获得你应得的美好结果。

10. 不要采取行动

你没有必要对每一种感受都有所行动,但不妨接纳某些感受。也许你无法妥善应对所有他人对你的批评、指责,但先不要加以评判,暂时不要有任何回应。如果你要有所动作,先把对错摆一旁,而想想谁提出的方式比较有效。

11. 适可而止

每完成一件事,就把它从你的行动计划表上划掉,休息一下,再做新的工作。每天要把桌上和目前工作不相干的东西拿掉,并检查自己的工作成果,然后把工作留在办公室。

如果一定要把工作带回家,要设定一段执行的时间,若超过时间,就不要再做,除非进度真的落后很多。记住,没有什么工作值得赔上你的生活!

12. 找人聊聊

找一个信得过的人谈谈，把心中的挫折、愤怒和痛苦都发泄出来，做做自己喜欢、有把握的事，并且下定决心，永远不再跟冒犯你的家伙较劲。

13. 预防措施

健康的生活方式有助于减轻压力，持之以恒的运动也可以让人们的精力更旺盛。

但是，不要运动过度，晚上好好睡一觉。有时小睡 10 分钟也可以保持精力的旺盛。

14. 善待自己

打击自己、责备自己、为别人承担不必要的责任、杞人忧天等，都会破坏你的身体。面临压力时，抽空出去走走、看场电影、和朋友吃顿饭或者自己独处一下，这些都是你需要，而且是你应做的。

15. 每周有一个晚上 9 点上床

在每星期中找一天（比如星期五），晚上 9 点就上床睡觉。这么做，不仅会让你一个礼拜以来所累积的疲倦得到舒服的解放，也会给你一个轻松周末的开端。

如果你已经削减了一些热闹的娱乐活动，无论如何，你礼拜五晚上一定要待在家里，如此才能有一个美好的夜晚。礼拜天，也是很适合提早睡觉的日子，因为，礼拜天的事情通常是比较少的，而且，提早睡觉也可以让你充分休息，好迎接下一个礼拜的开始。

不管你选择哪一个晚上提早睡觉，你投资在睡眠上的将会得到很大的回报。例如，你这么做必定会比晚睡时来得精神充足、神清气爽，而且，在能量充足之后，你的工作效率及品质，也必然提高许多。

当你开始实行简化生活运动时，你会发现一种惊人的现象：许多旧有的价值观，已经渐渐地对你没有影响了。因此，你也开始了解：你可以大胆地放松自己，甚至什么事都不做，提早上床睡觉，也不再是件罪恶的事了。

Chapter 04 自减压力：让你倍感轻松

有些压力,是因为我们把事情看得太重,或者自己的目标定得过高,过于苛求自己而产生的。此时,我们应该给自己一个减压的窗口,凡事不要对自己要求过高,不要为难自己,采取有益的方法,科学安排自己的工作和生活。

No.1 你不需要太多的行李

这是许多年前，笔者读到的一个故事。

大卫是纽约一家大报社的记者，由于工作的缘故，经常去外地跑新闻。一天，他又要赴外地采访，像往常一样，收拾好行李，一共3件，一个大皮箱装了几件衬衣、几条领带和一套讲究的晚礼服。一个小皮箱装采访用的照相机、笔记本和几本工具书。还有一个小皮包，装一些剃须刀之类的随身用品。然后，他像往常一样和妻子匆匆告别，奔向机场。

工作人员通知他，他要搭乘的飞机因故不能起飞，他只好换乘下一班飞机。在机场等了两个多小时，他才搭上飞机。

飞机起飞时，他像往常一样，开始计划到达目的地的行程安排，利用短暂的时间做好采访前的准备。正当他绞尽脑汁地投入工作时，飞机忽然剧烈地震荡了一下，接着，又是几下震荡，他的第一个反应是：遇到了故障。

空中小姐告诉大家系好安全带，飞机只是遇到气流，一会儿就好了。大卫靠在座椅上，也许是出于职业敏感，从刚才的震荡中，他意识到飞机遇到的麻烦不像空中小姐说的那么简单。

果然，飞机又接连几次震荡，而且越来越剧烈。广播里传来空中小姐的声音，这次，其他乘务员也站在机舱里，告诉大家飞机出了故障，已经和机场取得联系，设法安全返回。现在，飞机正在下落，为了安全起见，乘务员要求乘客把行李扔下去，以减轻飞机的重量。

大卫把自己的大皮箱从行李架上取下来，交给乘务员扔下去，又把随身带的皮包交出去。飞机还在下落，大卫犹豫片刻，才把小皮箱取下扔出去。这时，飞机下落速度开始减慢，但依然在下落，机上的乘客骚动起来，婴儿开始哭叫，几个女人也在哭泣。

大卫深深地吸口气，尽量使自己保持平静，但想起妻子，早晨告别时太

The Rule of Pressure for Top 500 Enterprises in The World

匆忙，只是匆匆地吻了一下，假如他们就此永别，这将是他终生的遗憾。他把随身的皮夹、钢笔、小笔记本掏出来，匆匆地给妻子写下简短的遗书："亲爱的，如果我走了，请别太悲伤。我在一个月前刚买了一份意外保险，放在书架上第一层那几本新书的夹页里，我还没来得及告诉你，没想到这么快就会用上。如果你从我身上发现这张纸条，就能找到那张保险单的。原谅我，不能继续爱你。好好保重，爱你的大卫。"

大卫以最大的毅力驱除内心的恐惧，帮助工作人员安慰那些因恐惧而恸哭的妇女和儿童，帮着大家穿救生衣。在关键时刻，越是冷静危险就越小，生还的可能就越大。

最后的时刻终于到了，大卫闭上眼睛在一阵刺耳的尖叫混合着巨大的轰隆声中，大卫感到一阵撞击，他在心中和妻子、亲人做最后的告别。

不知过了多长时间，大卫睁开眼睛，周围一片哭喊，发现自己还活着。他一下跳起来，眼前的一切惨不忍睹，有的人倒在地上，有的人在流血，有的人在痛苦地呻吟，他连忙加入救助伤员的队伍中。

当妻子哭着向他奔来时，他长长地吻着早晨刚刚别离却险些别离一世的妻子。

那一次，只有1/3的乘客得以生还，而大卫竟毫发无损。当然，他损失了3件行李，损失了一次采访好新闻的机会，不过，他上了纽约各大报纸的头版。

人生何需太多行李，不是指人生无所事事，没有责任，只是行李越少，越能仔细体会旅程中的快乐与辛酸。人生是一段旅程，行李越少，负担越轻，学会放掉越多东西的人，才能在生命的转折处发现惊喜！

№.2 莫要自寻烦恼

现代人总爱自寻烦恼，这是何故？美国心理学家曾提出四点假设：

（1）自寻烦恼是人的本性。人并不完全是理性的动物，人常为情绪所困扰，而困扰的原因多半是来自于自己，很少是由于外界因素造成的。

（2）人有思考能力，但在考虑自身问题时，则多表现出心态上不平衡的倾向。对与自己息息相关的事，往往做过多的无谓思考，这是困扰自己的根源。

（3）没有事实根据，单凭想象就可形成自以为是的信念，这是人有别于其他动物的特征之一。这种无中生有的想象力过于丰富，就会使人陷入无尽的烦恼中。

（4）人有自毁倾向，同时也有自救能力，合理的情绪疗法可以通过转化前者来帮助发展后者。

每个人都有理性的一面，同时也有非理性的一面。人生来都具备以理性信念对抗非理性信念的能力，但又常常被非理性信念所干扰。也就是说，每个人都有不同程度的不合理信念，只不过有心理障碍的人所持有的不合理信念更多、更复杂而已，然而，就是这种不合理的思维造成了心态上的不平衡。我们所能感觉到的世界只是整个世界的一小部分，由这一小部分所得出的观念往往是不正确的，但人们又总是把这些不正确的观念当作生活真理，结果使自己陷入了不必要的苦恼之中。

有一个和尚，每次坐禅都感觉有一只大蜘蛛在干扰他，他想赶走它，但总是束手无策，这使他很烦恼。师父知道后，让他在坐禅前先预备一支笔，等蜘蛛来时就在它身上画个记号，以便知道它来自哪里。和尚照办了，等他坐禅完毕，一看原来记号画在了自己的肚皮上。这个故事告诉我们，烦恼就源于我们自己。

我们在生活中几乎都有这样的体会：同样的事情作用于不同的人身上往往会引出截然不同的行为反应。为什么呢？原因就在刺激与反应之间存在着一个重要的因素，那就是认知。由认知对刺激做出解释和评价，使刺激具有了意义，人再由这种认知意义做出相应的行为反应。

事件本身并不是行为反应的根源，对事件的认知才是行为反应的直接原因。人的苦恼通常来自于人的不合理认知，正应了"天下本无事，庸人自扰之"。

No.3 融入团队

经常听人说工作压力大，做事不顺心，细问之后可以听到这样的心里话："在单位我不善于人际交往……"其实，这种感觉的工作压力大与"不合群"有一定的关系。

工作中的合群性是与一个人从小是否过过集体生活、是否学到过怎样与人沟通有关。不善于与人沟通的职员往往从小就比较孤僻，家庭环境中沟通比较少，从未真正学会与人交往的艺术。这样的职员到了工作岗位，就会把在家庭中缺乏沟通的状态带到工作中，总是希望别人主动接近自己，自己却不会主动与人交流，时间长了，同事觉得他"不爱说话"，也就逐渐放弃了与他的交往，这时他又会感到被排挤，感到孤独，心理压力就会增大。

现代社会的很多工作都需要同事之间配合，打团体战。不善于与人交往的职员往往不善于与人合作，只能单打独斗，不能利用别人的资源，因此完成相同的工作，付出的努力和压力就要比其他同事大得多。

小筱是那种有上进心，却又很自负的人。她总觉得自己比别人强，经常瞧不起别人。当然，她的这种想法隐藏得很深。在学校的时候，她由于得不到老师的重视，与同学的关系也不怎么样，所以她一直企盼着早点毕业换个环境，摆脱学校这个"糟糕"的环境。

毕业分配时，她毫不犹豫地选择离家很远的地方。发誓一定好好干，争取早日出人头地。可是一年来，她总是埋怨这里不好，没有前途；那里不好，领导不会用人。眼看其他同学一个个如鱼得水平步青云，毕业分配时踌躇满志的她，变得越来越郁闷。

一天她问朋友："为什么我到哪里都得不到重视？"朋友对她说："有些事

情并不是换个环境就能解决的。重要的是要找到问题存在的根源,并用正确的方法去解决。否则问题会永远跟随着你,你的心境永远无法改变。"

当她表示想跳槽时,朋友又劝她说:"当你要离开一个公司的时候,你必须先想清楚,你想得到什么?为什么没有得到?自己有多大责任?如果自省的结论是自己的性格有欠缺,那么,更换环境并不能解决问题。'一滴水不被蒸发,唯有融入大海。'只有当自己能融入集体、融入社会时,才会快乐、才会有所作为。"

不善与人交往的员工往往有以自我为中心的特点。这并不是说他们愿意这样,有很多人也很渴望能像那些交际明星一样"会说话",但是长期的封闭,使他们不了解别人的心理和情感,说起话来往往只能从自己的角度出发,这就使他们很难与别人建立真正良好的人际关系,而只能感到"我巴结别人还巴结不上",并陷入尴尬的境地。

不善与人交往的员工在职场中经常会感到被伤害。他们往往非常敏感,希望别人像呵护温室里的花朵一样呵护他。但这种期望是不现实的,他们一旦在人际关系上碰壁,就会更加退缩,还会感到别人伤害了他。其实别人可能没有故意伤害他,只是他自己不接纳自己,从而感到别人也不接纳他,时间长了,就没有人愿意和他交往,这也是让他感到有"压力"的原因之一。

融入是一种双方的相互认可、相互接纳,并形成行为方式上的互补互动性和协调一致性。自制力强、感悟力好的人,融入得自然和谐、顺乎情理,被群体接受的程度就高,因此就可能会获得更多的发展条件和机遇。作为具有独立个性的你,在团队这个大家庭里必须融入群体中去,才能促进自身发展。

No.4 提高能力,缓解压力

在每个人的日常生活或工作中,压力可以说无所不在。刚换一个新的工作,对新的环境与工作内容不熟悉而感受到压力;学生考试前,因为无法预知会遇到何种形式的考题,即使准备再充分还是会感受到压力;有些人第一次出国,会担心赶不上飞机而很早就到机场等候,这也是压力。

另外,业绩目标无法达成、担心实力不如对手、家人有问题无法解决、经济状况不佳等,也会产生压力。无论是哪一种情况下产生的压力,其实都有一个相同的特质,就是当一个人碰到一件事而感觉到"我不会"、"我不熟悉"或是"我不确定"时,就会感受到压力。

既然压力的来源是本身对事物的不熟悉、不确定感,那么,缓解压力最直接有效的方法,便是去了解、掌握状况,并且设法提升本身的能力。一旦"会了"、"熟了"、"清楚了",压力自然就会减低、消除,可见压力并不是一件可怕的事。逃避之所以不能纾解压力,则是因为本身的能力并未提升,使得既有的压力依旧存在,强度也未减弱。

压力也可视为一种侦测器,用以测试一个人的能力。同样一件事情,对不同的人产生的压力大小也不同,能力较强者,感受到的压力便较弱。一个人能够负荷的压力强度也因此反映出他的能力高低或对事物的熟悉度。压力的存在,代表欲达到的标准高于实际情况,而压力的消除,代表能力较先前提升。

反过来说,一个人一旦感受不到压力的存在,不但并不可喜,反而要特别小心。因为这表示在能力提升与个人成长上,少了一股相当重要的动力来源,这样的环境虽然安逸,但是却无助于成长。就此而言,压力的存在有其正面意义,人不应该害怕、排斥压力。尤其是人在一帆风顺时,要特别当心!

对于一个积极进取的人而言,面对压力时可以自问:"如果没做成又如何?"这样的想法并非找借口,而是一种有效缓解压力的方式。但如果本身个性较容易趋向于逃避,则应该要求自己以较积极的态度面对压力,告诉自己适度的压力能够帮助自我成长。另一方面也要切记,压力过大时要寻求上级领导或身边同事的协助,不要意图一个人就把所有压力承担下来。

作为领导者、管理者,帮助下属减轻压力的最好方法是帮助下属学习,做一个教练型管理者、或教练型领导者。善于学习和读书,才能不断提高解决问题的能力,从而增强自信心,减轻压力。

领导者在学习上帮助员工来缓解压力，同时也应该了解员工的性格，压力同时也兼具帮助个人成长的作用。遇到员工前来寻求支持时，能够适度地拿捏协助员工的方式与程度，以避免部分较消极的员工养成只要一遇到压力，便将之转移给领导者解决的习惯。

年轻的员工由于工作、社会阅历较浅，因此更加容易产生压力，此时应该积极地练习如何克服压力，在此过程中，也加速了个人能力的成长，胜任既有的工作职责之后，随之而来的便是职位上的提升。从另一个角度来看，有时候也可以适时地给予自己适当的压力，来帮助自己成长。此时必须切记的是，帮助成长才是真正的目的，以避免自己一味地设定过于高远的目标，陷入过大的压力而得到反效果。

No.5 心灵也要"卸卸妆"

一条船装的东西太多，遇到阻力时，就得把无用的东西抛弃。人和船一样，虽然具有很强的力量，但若装满了毫无用处的"心理货物"，就难以前进，只有把它丢弃掉，才能轻装迈向自己的目标。所谓用"心"解决，就是要弄清压力的产生根源。

从前，一个小男孩特别淘气，谁劝都没有用，有一天，他父亲给了他一把锤子和一袋钉子，让他一生气就往木板上钉钉子。

时间一天一天过去，钉在木板上的钉子越来越多，终于有一天，小男孩发现控制自己的情绪比钉钉子更容易一些。于是，小男孩不再钉钉子了。这时，父亲告诉他："你把木板上的钉子都拔起来吧。"小孩子照做了，每拔下一颗钉子，木板上就留下了一个小孔。父亲指着小孔对他说："生一回气就会在心灵上留下一道伤痕，久而久之，心灵就布满了疤痕了。"

听了父亲的话，小男孩就更注意控制自己的情绪了，不再因为鸡毛蒜皮的小事生气了。

The Rule of Pressure for Top 500 Enterprises in The World

　　每个人都有情绪不好的时候，说明我们的心灵产生了一种不愉快的感情，或许是因为生活给心灵所带来太大的压力，让我们的心灵感觉到疲惫，这个时候我们就一定要让我们的心灵松口气了。

　　也许你会有过这样的经历：人际关系或工作上的一次失误、旁人顺口说出的一句话，都会给一些人造成心理上的负担。周围人的吹毛求疵、说三道四，加上身边缺少可以倾诉的对象，更容易使这些人陷入一种无谓的困扰中，难以自拔，十分需要寻求一种解脱之法。

　　著名画家张大千是个大胡子，浓密的胡须垂及腹部。据说有一个人见到了觉得很好奇，就问："张先生，您睡觉时，胡子是放在被子外面还是里面呢？"

　　张大千先生一愣："这……我也不清楚。是呀，我怎么没在意这个呢？这样吧，明天再告诉你。"

　　晚上就寝时，大千先生先将胡子撂在被子外头，好像不太对头；收进被子里面，又觉得不自然。折腾了半宿，都觉不妥。这一下他自己也犯愁了，以前这不是什么问题呀，现在怎么成了件让人头痛的事呢？

　　生活中，心累通常是人为地在自己的思想是加压造成的！我们凡事太在意了！太在意别人无意的评头论足，太在意与别人的小摩擦，太在意领导偶尔的责罚，太在意爱人一时的赌气，太在意成功与失败，太在意……人生总会有许多的烦恼，如果事事在意，脆弱的心灵怎堪重负？！生命又怎存趣味？透视琐事、忘却不幸、藐视挫折吧，给心灵减一下压，使自己的人生得以升华！

　　在日本大阪，家庭主妇阳子每周一次到所属小区的救助中心去做志愿者，为生活困难的人提供义务帮助。每逢这一天，邻居见到她时都会说："你的情操很高啊！"阳子听也不是，不听也不是，常常为此而郁闷不快。为了去海外旅游，阳子想请人来替换她休假期间的工作。如果被直言回绝倒也罢了，偏偏被人多说了几句，她听了以后感觉如芒刺背，非常郁闷。如果你是阳子，你会怎么办呢？

从社会环境来讲，长年的经济不景气，上司对部下的工作失误越来越不予宽容，尤其是公司里的人事考核与学校的分数制度格外被看重，这些都给人带来了许多无形的压力。在这种环境里，人们的情感、行为相互作用，思路往往朝着一个方向，容易造成情绪波动。

东京心理动态研究所所长柳平彬总结出一套自我调试的方法也有人称其为"心理卸妆法"。就像女性每晚睡前卸妆一样，把当天的心绪整理一遍。对于负面的记忆，要在入睡前全部清洗掉。具体方法是：在临睡前，可以先想象有一条淙淙流淌的小溪。如果想象不出来，也可以面对一张小溪的图片，回忆当天那些不愉快的经历，让它们全部顺流而去。接下来低吟三句话：

（1）"我愿意……"（比如自己最期望的心境）
（2）"我会做……"（比如能够胜任的心境）
（3）"我有志于做……"（比如对待使命的精神准备）

以前面提到的志愿者阳子为例，她的第一段话可以是"我愿意帮助老人"；第二段话为"我有照顾老人的能力"；第三段话为"照顾老人能使我快乐"。如此与自己信心对话，最后再叮嘱自己："明早一醒来，头脑一定非常清晰并心情畅快。"说完，尽快入睡。

运用心理卸妆法最关键的一条是树立远大的志向。人生如果有了远大目标，即使面对挫折也会很快摆脱低沉情绪，引出正面效果。

№.6 "没有机会"不是压力

总有那么一些人，老是哀叹命运的不公，说上天没有赋予自己良好的发展机遇，说世界根本就不公平，机会常降临在权贵、富有者身上。抱怨社会没有为他们提供相应的舞台，给他们以施展才华的机会。殊不知，在他不停抱怨的同时，机会早已经从身边悄悄溜走了。

事实上恰恰相反，凡是在世界上做出大事业的人，往往不是那些幸运之神的宠儿，反而是那些"没有机会"的苦孩子。例如古代从小贫穷而"凿壁偷光"最终成为经学大师的匡衡，有从乞丐一步一步走上皇帝宝座的朱元璋；近代有怀揣5千港币，成就为亿万富翁的中国首富李嘉诚……不正是这些困苦的人给世界文明造成大的进步吗？

"最黑暗的时代，也是最光明的时代；最坏的时代，也是最好的时代。"危机也是转机。21世纪仍是一个充满机会的时代，就看一个人是否能洞触先机，掌握机会。

"没有机会"永远是那些失败者的托辞。当我们尝试着步入失败者的群体中对他们访问时，他们中的大多数人会告诉你，他们之所以失败，是因为不能得到像别人一样的机会，没有人帮助他们，没有人提拔他们。他们还会对你叹息：好的地位已经人满为患，高级的职位已被他人挤占，一切好机会都已被他人捷足先登。总之，他们是毫无机会了。

但有骨气的人却从不会为他们的工作寻找托辞。他们从不怨天尤人，他们只知道尽自己所能迈步向前；他们更不会等待别人的援助，他们自助；他们不等待机会，而是自己创造机会。马其顿国王亚历山大大帝在打了一次胜仗之后，有人去问他，假使有机会，他想不想把第二个城市攻占。"什么？"他怒吼起来："机会？我创造机会！"

世界上到处需要而缺少的，正是那些能够制造机会的人！等待机会以至成为一种习惯，这是一件危险的事。工作的热心与精力，将在这种等待中消失。对于那些不肯踏实工作而只会胡思乱想的人，机会是不可望、不可及的。只有那些勤奋工作的人，不肯轻易放过机会的人，才能看得见机会。你或者要想，机会之来一定是非同小可的。实际上，机会就在你的日常行事之间。不管你所干的是哪一类事，都是有机会在的。

在你现在所处的地位中，也许已经人满为患了，但在较高的职位上，却总有空缺等着合适的人去谋取。每天尽管有数以百万计的男女被迫失业，但在那些高等职业所在地的门口，却总是挂着"渴慕贤士"的广告。世界各处都在寻求受到过良好训练的青年、英明的管理者与领袖，以及本领高强的人。高贵的地位、优厚的待遇，总在等待着那些能力超群又能够胜任的人去赢取。

我们的坏处就在对于机会一事，眼界太高，欲望太奢。我们往往为着一心要摘取远处的玫瑰，反而将近在脚下的野花踏坏了。我们忘记了大事业要从小处着手。

如果你看了林肯的传记，了解了他幼年时代的境遇和他后来的成就，就可能对"没有机会只是弱者的托辞"这句话感触更深了。年幼的林肯住在一所极其粗陋的茅舍里，既没有窗户，也没有地板。以我们今天的观点来看，他仿佛生活在荒郊野外，距离学校非常遥远，既没有报纸书籍可以阅读，更缺乏生活上的一切必需品。就是在这种情况下，他一天要跑二三十里路，到简陋不堪的学校里去上课；为了自己的进修，要奔跑一二百里路，去借几册书籍，而晚上又靠着燃烧木柴发出的微弱火光阅读。林肯只受过一年的学校教育，但是他竟能在这样艰苦的环境中努力奋斗，一跃而成为美国历史上最伟大的总统。

我们每个人，只要有抓住当前机会的毅力，与实现目标的精神，都有获得伟大成功的可能。但你应该牢记，你的出路就在你自己身上。如果你总是以为出路是在别处或是在别人身上，你是要失败的。实际上，你的机会就包裹在你的人格中。成功的可能性，就在你自己的生命中。正像未来的大树隐伏在种子中一样。你的成功就是自我的演进、开展与表现。

"没有机会"永远是弱者的推托之词。

No.7 重拾信心，摆脱压力

也许你一定听说过这样的事情：女大学生迫于就业压力整容，男大学生求职应聘忙于包装。针对这种现象，有关专家指出："这是巨大的就业压力造成的，其实这也是大学生自信心不足的一种表现。用人单位考虑的是学生的能力，而不只是相貌。长得好看却不懂业务，也是没用！"

事实上，生活中的很多人存在着信心不足从而导致压力过大的现象。在奋斗的过程中，难免碰到一时的挫折、困难、失败，如工作进展受挫，没有找到解决问题的方法，感情上的挫折等。如果人们有充分的信心，就会善待这些情况，及时把自己的心情调整过来，不让失败、困难、挫折等转化成消极的心理因素，而把这些作为对自己的鞭策，激发自己更加努力，开阔思路，寻求更佳方法、途径。

有一个年轻人，好不容易获得一份销售工作，勤勤恳恳干了大半年，非但毫无起色，反而在几个大项目上接连失败。而他的同事，个个都干出了成绩。他实在忍受不了这种痛苦，在总经理办公室，他惭愧地说，可能自己不适合这份工作。

老总沉默了一会儿，平静地说："就这样走，以失败者的身份离开？你真的甘心？"年轻人沉默不语。"安心工作吧，我会给你足够的时间，直到你成功为止。到那时，你再要走我不留你。"老总的宽容让年轻人很感动。

过了一年，年轻人又走进了老总的办公室。不过，这一次他是轻松的，他已经连续7个月在公司销售排行榜中高居榜首，成了当之无愧的业务骨干。他想知道，当初，老总为什么会将一个败军之将继续留用呢？"因为，我比你更不甘心。"老总的回答完全出乎年轻人的预料。

年轻人大惑不解，老总解释道："记得当初招聘时，公司收下100多份应聘材料，我面试了20多人，最后却只录用了你一人。如果接受你的辞职，我无疑是非常失败的。我深信，既然你能在应聘时得到我的认可，也一定有能力在工作中得到客户的认可，你缺少的只是机会和时间。与其说我对你仍有信心，倒不如说我对自己仍有信心——我相信我没有用错人。"

从老总那里，年轻人懂得了只要给别人以宽容，给自己以信心，将来也许就是一个全新的局面。

总有许多的人，把失败、困难和挫折转化成消极的心理因素，这些消极的心理因素大大损害了个人的成功，往往断送了个人的事业。切记，人可以因为失败而损失财产，甚至成为一个穷光蛋。但绝不能在财产损失以后，再损失人的信心，否则，那才是雪上加霜。失败可以夺走我的财产、名誉、地位和爱情，但绝对不能夺走我的信心。信心就是生命，只要我的信心还在，我的生命之树在来年还会结出更丰硕的财产、名誉、地位和爱情之果。

一个家境十分贫寒的小木匠，在富翁家里做苦工，不小心损坏一个价值连城的花瓶，小木匠赔不起，无奈之下只好跑到一个据说十分灵验的观音乞求。庙里的观音劝小木匠去学一门能对接花瓶的技术，并告诉小木匠要有信心，否则上天会对他失去信心。于是小木匠登门求艺，历经三年苦练，返回家将三年前打碎的花瓶接得同原来的一模一样。经过不懈的努力，小木匠远近闻名，每天找他学艺者络绎不绝。小木匠没有忘记庙里的观音，他决定到庙里去感谢观音，当说明来意，观音开口说道：你不用感谢我，还是感谢你自己吧。这时，由远而近地传来脚步声，原来是庙里的老尼姑在小木匠第一次来时，听了小木匠的哭诉以后便冒充观音的声音，以鼓励小木匠并告诉小木匠："信心是人生最好的观音。"

没有什么比相信自己更能改变我们的处境，当我们处于厄运的时候，当我们败下阵来的时候，当我们面临一场巨大灾难的时候。记住，信心是人生最好的观音，一个人只要活着就有无限的可能。

№.8 万事不必求完美

"哪怕遇到火灾或地震，我也绝不会不化妆就跑出去。"你听到过类似的话或身边有这样"视妆如命"的女性朋友吗？你一定会觉得奇怪，这些人究竟是怎么了，她们原本就是才貌双全没有什么可挑剔的啊！

其实这些女性朋友是对自己要求过高，她们在潜意识里一直不懈地追求完美，过分注重外表只是她们的表现之一。这些人就是我们所言的完美主义者。

在日常生活中，我们很容易看到完美主义者的各种表现：如有的人不允许自己在公共场合讲话时紧张，一到发言时就拼命克制自己的紧张，结果越做越错，形成恶性循环；有的人不允许自己的工作仅仅是一般，他们一定要做得最好，可事实经常是把自己累得够呛，工作却未必如想象的那般……这些想把生活中每一件事都做得非常完美的人，一般不会是一个强者，他们缩手缩脚，患得患失，害怕缺憾。完美主义的问题正是在于"恐惧缺憾"，害怕令人失望以及避免感到内疚。这就是一些完美主义者追求完美的内在动机。

英属哥伦比亚大学的心理学家海威特曾经把完美主义性格分为三种类型，第一种是"要求自我"型，他给自己设下高标准，而且追求完美的动力完全是出于自己。第二种是"要求他人"型，为别人设下高标准，不允许别人犯错误。第三种是"被人要求"型，他追求完美的动力是为了满足其他人的期望，总是感觉自己被期待着，时刻都要保持完美。完美主义者的潜意识里会有许多非理性的想法，如"我一定要完美，否则就会让……很失望"、"这次的问题都是我的错，我应该提前预料到……"

在这三种类型中，"要求自我"型在生活中最为常见。一般来讲，不能容忍美丽的事物有所缺憾是一种正常心态；对许多人来说，追求尽善尽美也是理所当然的。根据格式塔心理学，完全感是人的最基本的需要之一，假如一个人缺乏自信，生活遭挫折，那么他的完全感就会受到伤害。所以为了避免伤害，人们尽力追求完美，这可能是产生"要求自我"型完美主义者的心理原因。

完美主义是一把"双刃剑"，有利也有弊，一方面它是使人不断向上的动力；另一方面这种对完美的追求也是一个沉重的包袱，在现代社会的多方面压力下，它让完美主义者看到自己对现实的无能为力，从而变得急躁、自卑、甚至急功近利。它不仅使完美主义者本人觉得痛苦，更糟糕的是这种个性也会影响周围的人，例如一位具有完美主义性格的主管，可能会对下属也有同样的高标准与期待,搞得办公室里大家紧张兮兮;或是有完美主义倾向的父母对于孩子有超乎常人的标准与要求,使孩子有了自卑心理,自闭倾向;抑或完美主义的妻子,要求丈夫尽善尽美,既要能力超群,能适应公司老板到管道修理工的所有工作,又温柔体贴,照顾自己每时每刻的情绪变化,这样使丈夫常常觉得无所适从,怎样也不能令对方满意,这就埋下双方矛盾的根源。

完美主义是一种人格特质,也就是在个性中具有凡事追求尽善尽美的极致表现的倾向。心理学家巴斯克认为具有完美主义性格的人通常有下列几种特性:

- 注意细节。
- 要求规矩、缺乏弹性。
- 标准很高。
- 注重外表的呈现。
- 不允许犯错。
- 自信心低落。
- 追求秩序与整洁。
- 自我怀疑。
- 无法信任他人。

摆脱完美给你生活带来的压力和阴影,其实也很简单,以下就是一些行之有效的小方法。发散你的思维,也许你会更快的找到全新的生活。

(1)学习过健康的生活。选择自己喜欢的健身班进行锻炼,或养成晨跑的习惯,矫健的身影和红润的脸色会比任何粉妆更使你年轻生动;工作之余逃离城市,让自己以最自然的状态亲近自然,要学会享受阳光,热爱生活。

(2)从心理上承认,有不完美才是真正的人生。生活绝不可能一帆风顺,遇到挫折、处于低谷时,自信和乐观尤为重要,切不可自暴自弃。学会换个角度看问题,正因为生活中有让你感到沮丧、绝望的问题,你才会付出更多努力,才更懂得珍惜所得到的,即便是事情不尽人意,即便失败,可那和成功一样构成你丰富的人生体验,那才不枉活一世。如果真有万事如意,心想事成的人，那他的生活还有什么激情，你以为他会觉得人生有意义，他会幸福吗？

（3）不要对自己过分苛刻。工作上给自己定一个"跳一跳，能够着"的目标，只要对得起自己的努力和良心，不要太在意上司和同事对自己的评价。否则，遇到挫折就可能导致身心疲惫。不要为了让周围每一个人都对你满意而处处谨小慎微，还是要有点"我行我素"的气魄，不然让所有人都满意唯自己不满意对你又有什么好处呢？

（4）学会放松和排解不愉快。情绪的过分紧张和焦虑，会影响一个人解决问题的能力。而生活中常常会遇到一些始料不及的事，应学会放松，调节自己的情绪，保持生活的规律和睡眠的充足，以饱满的精神状态面对并解决问题。学会倾诉和寻求帮助来排解不愉快，生活中绝大多数人都有一颗助人为乐的心，找一个听你诉苦的朋友不会是太难的事。

（5）不要让自己的完美主义倾向变成负担。每个人或多或少都有一些完美主义倾向，其实并不需要太过担心。应该看到完美主义的你有着众多优点，比如严格自律、意志坚定、执着、仔细、周到、有计划、有秩序、组织性强，这些优点只要发挥得当，你绝对是一个训练有素的出色的员工，应有足够的信心去面对工作上的压力。

总之，做人不必万事求全责备，应该学会承认世界上没有绝对完美的事情，放宽对各种事情（包括自身尝试和他人努力）结果上那些"天经地义"的准确期盼。

No.9 从兴趣出发来减压

歌德说：如果工作成为一种兴趣，人生就是天堂。

一般来说，兴趣才是人生的航标灯，如果一个人一直从事着自己不感兴趣的事情，但又没办法改变现状，他就会对生活失去热情，心理压力逐渐加大。

许多研究证明，较强的能力并不是事业成功的保证。一个人的兴趣、爱好、动机、价值观等情感因素对事业成功有着巨大的推动作用。在这些因素中，又以兴趣爱好所起的作用最大。你在选择事业时，不仅需要知道自己的能力有多大，也需要知道自己对哪类工作感兴趣，符合自己的爱好。只有将能力和兴趣爱好结合起来考虑，才更有可能取得事业上的成功。

获得诺贝尔物理奖的美籍华人丁肇中说过："兴趣比天才更重要。"一个人如果根据自己的兴趣爱好去选择事业，他的主动性和能动性就会得到充分地发挥，巨大的潜力就会被充分挖掘出来。一个人所从事的事业如果正好与自己的兴趣爱好一致，那么他工作起来就会废寝忘食，如醉如痴，即使困难重重，也会兴致勃勃，不知疲倦地工作下去，绝不会灰心丧气，半途而废。

爱迪生几乎每天都要在实验室里工作十几个小时，在那里吃饭、睡觉，但丝毫不以为苦。他说："我一生中从未间断过一天工作。""我每天工作其乐无穷。"英国著名女科学家古道尔从小喜欢生物，并逐渐对黑猩猩产生了强烈兴趣，于是她不畏艰险，只身进入热带森林与黑猩猩一起生活了十多年，掌握了极其宝贵的第一手资料，为揭开黑猩猩的秘密做出了贡献。爱因斯坦对物理学的浓厚兴趣致使他著成了影响我们一个多世纪的《相对论》；化学家诺贝尔对炸药有着极强的兴趣，所以他才敢冒着生命危险研制炸药，终于取得了最后的成功。

美国曾对两千多位著名的科学家进行调查，发现很少有人是出于谋生的目的而工作，他们大多是出于个人对某一领域问题的强烈兴趣而孜孜以求，不计名利报酬，忘我地工作，他们的成功是与他们的兴趣爱好紧紧相联的。兴趣是成功的一个重要推动力，它能将你的潜能最大限度地调动起来，使你长期专注于某一方向，做出艰苦的努力，取得令人瞩目的成绩。

如果你具有从事某项事业的能力但缺乏兴趣，那么你在这项事业上成功的比率很小很小。你只有对某一种事业感兴趣，并具有该事业所要求的能力素质才能完成这项事业。具体来说，兴趣对你事业的影响主要来自三个方面。

一是兴趣是你事业选择的重要依据。正像你在日常生活中喜欢从事自己感兴趣的活动一样，在外界环境限制较小时，比如说，你不存在吃饭问题，不需要为了谋生而必须干某项工作，你就会倾向于选择自己感兴趣的事业。因而，对你的兴趣类型有了正确的评估后，就可以预测或帮助你进行事业选择。

二是兴趣可以增强你事业的适应性。因为兴趣可以通过工作动机促进你能力的发挥，兴趣和能力的有机结合将会大大提高工作效率。曾有人做过研究：如果一个人从事自己感兴趣的工作，则能发挥全部才能的80%～90%，而且长时间保持高效率而不轻易感到疲劳；如果对所从事工作没有兴趣，则仅仅能发挥全部才能的20%～30%。

三是由兴趣的性质所决定，兴趣影响一个人工作的满意度和稳定性，在某些情况下甚至具有决定性作用。一般来说，从事自己不感兴趣的事业很难让你感到满意，并由此导致工作的不稳定。

以前，社会整体都是以努力工作为唯一的风气，兴趣并不怎么受人青睐，在那个时代对"我的兴趣是工作"，可能会回答："是嘛，真令人钦佩。"但现在，不少人都变得追求兴趣了，一心只有工作的人不再受欢迎。

根据某一项调查，创业者的精神压力消除方法主要靠兴趣和娱乐。的确，兴趣爱好有助于消除精神压力，但是我推举兴趣并不仅出于此。兴趣与读书一样可以丰富人的心灵，换言之，可以扩大人的胸襟，培养出富有魅力的人性，进而扩大甚至加深与人的交往。

在企业当中，职员与企业主拥有相同的兴趣，会有助于填平彼此的鸿沟。双方关系非常要好的例子不少。参加钓鱼爱好者的聚会，一起去滑雪、冲浪、下围棋、象棋——这样的公司充满活力，毫不怀疑会得到发展。

兴趣对于公司以外的人际关系也发挥着威力。如果兴趣多，和多数人谈话都会投机，人缘就会不断扩大。与工作不同，有关兴趣的交谈会使彼此变得单纯，还可能会成为真心交往的契机。要相信，兴趣使人变得坦诚。

你想获得成功吗？那么请你在选择人生目标时，让它与你的兴趣相合，与你的爱好接轨。如果你的工作与自己的兴趣爱好不一致，而又无力改变这种局面，那就想方设法爱上它，让它成为你所追求的事业。

№.10　放松自己，减少压力

有人因为压力大而跳楼，而有人则坦然的生活着。

如果你能担负 50 公斤重物，你背上 20 斤，能感受到的是什么。再背上 20 斤，再背上 20 斤……你是否还能承受呢？估计你承受不了！

但是反过来，你背上 20 斤，然后放下，再背上 20 斤，如此重复的，即使再多几次，对你的影响也不会很大的。

如果一个人面对的压力很大，那么就需要更多的放松，正负相抵，人就能保持平衡了。我们需要学会放松。如果压力是生活的必需品，那放松就是生活的医疗包。

学会放松，先学会认识自己，只有知道自己的能力，正确的评估自己，才可能制订出合理的计划（这里的合理是指既不会难度太高达不到，也不会太低没意义）制订目标看似很容易，其实很难，因为认清自己很难。而当有了合理的目标，就已经成功了一半！当到这步时，一个人就不会做一些能力之外的事情，压力就会减少很多。起码会减少来源于自身的压力。

学会放松先从思维入手，有了正确的思维，接下来还需要一些方法，以下十招，助你一臂之力。

（1）打盹：学会在家中、办公室，甚至汽车上，一切场合都可借机打盹，只需 10 分钟，就会使你精神振奋。

（2）想象：借由想象你所喜爱的地方，如大海、高山等，放松大脑；把思绪集中在想象物的"看、闻、听"上，并渐渐入境，由此达到精神放松的目的。

（3）摆脱常规：经常试用不同的方法，做一些平日不常做的事，如双脚蹦着上下楼梯。

（4）洗浴时唱歌：每天洗澡时，放开歌喉，尽量拉长音调。因为，大声唱歌需要不停地深呼吸，这样可以得到放松，心情愉快。

(5) 发展兴趣：培养对各种活动的兴趣，并尽情去享受。

记住，放松包含很多的东西，从心理到身体的放松。只有学会让自己放松，才能让自己从超负荷的压力中暂缓出来。压力时时存在，但有时，我们必须忽视它，暂时忘记它的存在，让自己放松一下。暂时的放松是对身体、精神和心理的充电，是为了更好的工作。就像在高原上，吸一下氧气，再向更高的高度出发一样。

№.11 开朗的人能够减少压力

消极的人逛商店时，看到的总是无序和混乱，开朗的人逛商店时，看到的却是热烈和繁荣。消极的人看到柜台里的面包圈时，注意的是面包圈里的那个黑洞，开朗的人看面包圈时，看到的就是黄灿灿的面包。

这里有一个故事可以形象地说明开朗与消极的人带来的不同效果。

从前，有位秀才第三次进京赶考，住在一个经常住的店里。考试前两天他做了三个梦：第一个梦是梦到自己在墙上种白菜；第二个梦是下雨天，他戴了斗笠还打伞；第三个梦是梦到跟心爱的表妹脱光了衣服躺在一起，但是背靠着背。这三个梦似乎有些深意，秀才第二天就赶紧去找算命的解梦。算命的一听，连拍大腿说："你还是回家吧。你想想，高墙上种菜不是白费劲吗？戴斗笠打雨伞不是多此一举吗？跟表妹都脱光了躺在一张床上了，却背靠背，不是没戏吗？"

秀才一听，心灰意冷，回店收拾包袱准备回家。老板非常奇怪，问：不是明天才考试吗，今天你怎么就回乡了？秀才如此这般说了一番，店老板乐了："哟，我也会解梦的。我倒觉得，你这次一定要留下来。你想想，墙上种菜不是高种吗？戴斗笠打伞不是说明你这次有备无患吗？跟你表妹脱光了背靠靠躺在床上，不是说明你翻身的时候就要到了吗？"

秀才一听，更有道理，于是精神振奋地参加考试，居然中了个探花。

"思维心理学"大师史力民博士曾指出：开朗的心态是成功的一大要诀。他说，失败者通常有一个悲观的"解释事物的方式"，即悲观者遇到挫折时，总会在心里对自己说："生命就这么无奈，努力也是徒然。"由于常常运用这种悲观的方式解释事物，无意识中就丧失斗志，不思进取了。

消极的人看天空时，常常容易看成灰色，一片浑浊。开朗的人看天空时，总会尽力感觉它的高远，并想到一片蔚蓝。消极的人在生活中，总会感到负担很重，并会得出人生就是磨难的总结。开朗的人在生活中，更多的是感到某种乐趣，时时会发现人生的美丽。消极的人，会把许多小事记在心上，步履沉重。开朗的人即便遇上一堆难事，也会认为这只是一个过程。

消极的人做事，考虑失败的因素大于成功，因此随时都会感到生活的无望。开朗的人很容易看到希望，做起事来着眼于光明，心中总有灿烂。消极的人对于投资最为恐慌，在他们看来，那简直就是败家子，是在糟蹋日子！开朗的人则认为投资是事业中的一种必然，有失必有得。

消极的人，在与人打交道时，心里总有许多防范，习惯把自己真实的一面藏起来，再与别人交往。因为自己的消极，也容易看到别人的缺陷，无形中与外部形成了障碍。开朗的人，与人打交道时，愿意把自己的一切撇开，在与别人的交往中，很容易获得真情。消极的人，总会鸡毛蒜皮，因为过分细腻，什么事都会成为担心的理由。许多小事，在心里积劳成疾，不断给自己制造麻烦。开朗的人，看的是大局，一路前行，就连旁人也看着舒坦。

消极的人，内心总有一种卑微感，视自己为小人物，生活中缺少安全感。因为自卑，做事总希望找到某种靠山或是依赖。开朗的人因为总是向前看，骨子里会有一种创业精神，更不怕单打独斗地去闯天下。消极的人，对很多事都缺乏热情，常常处在被动的地位，按部就班是他们一贯的做事传统，因此，消极的人身上很难发生奇迹。开朗的人总是充满热情，敢于投入，一鸣惊人的事，常常发生在他们身上。

消极的人，由于缺乏自信，从不敢去想美事和好事。凡是天上掉馅饼的事，他们都认为与自己无关，因此，更愿意守住平淡的生活从生到老。开朗的人，在他们看来，没有什么是不可能的，一旦有了机遇，他们更会紧紧抓住不放。因为乐于驾驭自己，而使生活常有快乐。

消极的人，接触的圈子是同样消极的人，彼此说着同样消极的话，过着同样消极的日子。彼此的保守及悲观情绪相互感染，还以为生活就是这样。物价别再上涨，生活也别再大变，这就是他们的理想。开朗的人，社交圈子通常都是越来越大，就是去娱乐消遣，也能生出意义。许多大事，都会在饭桌上孕育而生，甚至还能吃出投资的项目。因此，他们的人生随时都是在转变中。小老板变成大财东，穷人变为富人的事，对他们来讲都是极有可能的。

消极的人，常常注意的是生活的阴暗面，不知道为什么心里老会感到冷。开朗的人不管穷富，活得都较为充实和坦然，对旁人也是一种感染。消极的人，即便是一个富人，那保守的谈吐，满面的愁容，也像是一个穷人。开朗的人，心里总像有个太阳，暖暖热热豪情四溢，就是穷人，也光彩照人。

No.12 放弃就是以退为进

人生是复杂的，有时又很简单，甚至简单到只有取得和放弃。应该取得的完全可以理直气壮，不该取得的则当毅然放弃。

如果抓住想要的东西不放，甚至贪得无厌，就会带来无尽的压力，甚至毁灭。

晋代陆机《猛虎行》有云："渴不饮盗泉水，热不息恶木阴。"讲的就是在诱惑面前的一种放弃、一种清醒。

以虎门销烟闻名中外的清朝封疆大吏林则徐，便深谙放弃的道理。他以"无欲则刚"为座右铭，历官40年，在权力、金钱、美色面前做到了洁身自好。他教育两个儿子"切勿仰仗乃父的势力"，实则也是其人处世的准则；他在《自定分析家产书》中说："田地家产折价三百银有零"、"况目下均无现银可分"，其廉洁之状可见一斑；他终其一生，从来没有沾染拥姬纳妾之俗，在高官重臣之中恐怕也是少见的。

在我们的现实生活中，也需要有一种放弃的清醒。其实，在物欲横流、灯红酒绿的今天，摆在每个人面前的诱惑实在太多，特别是对有权者来说，可谓"得来全不费功夫"。这就需要保持清醒的头脑，勇于放弃。如果抓住想要的东西不放，甚至贪得无厌，就会带来无尽的压力、痛苦不安，甚至毁灭自己。

人生是复杂的，有时又很简单，甚至简单到只有取得和放弃。应该取得的完全可以理直气壮，不该取得的则当毅然放弃。取得往往容易心地坦然，而放弃则需要巨大的勇气。若想驾驭好生命之舟，每个人都面临着一个永恒的课题：学会放弃！

"放弃"这个词似乎总给人一种消极的感觉，但是，积极地"放弃"是成功者必须具备的能力。

面对选择，人们难免犹豫，难免彷徨，或许会左顾右盼，或许会举棋不定，选择给人带来的是寝食难安甚至痛苦不堪。当初发明用抓阄的办法来解决问题的人大概就是为了避免或减少这种痛苦，主观上实在拿不定主意，或者当时看起来做哪种选择都可以，但又必须只能二选一或者三选一时，灵机一动，弄出几个阄来，随意摸取一个，以此来帮助自己决定最终结果，美其名曰：听上天的安排！把自己或他人的命运交给老天爷去主宰，也证明了人们面对选择的无奈与无助。

选择的同时伴随着放弃，就像一片树叶的正反两面，与生俱来、天然存在，选择了向左转走阳关大道，就不能同时再踏上右边的羊肠小道去寻幽探密，短时间脚踩两只船的人有，一辈子都能顺风顺水相安无事的却很少听说。老祖宗早告诫我们鱼和熊掌不能兼得，舍得舍得，有舍才有得，所以果断的放弃是减少痛苦、争取人生有利时机的最佳出路。

这是一个关于一心一意，想要登上世界第一高峰的登山者的故事。在经过多年准备之后，他开始了旅程。由于他希望完全由自己独得全部的荣誉，所以他决定独自出发。他开始攀爬，但是时间已经变得有点晚了。然而，他非但没有停下来准备他的露营帐篷，相反，还是继续向上不断攀爬。直到周围变得漆黑一片,这位登山者什么都看不见。山上的夜晚显得格外黑暗,月亮和星星又刚好被云层给遮住了。即便如此,他仍然不断向上。就在离山顶只剩下几尺的地方,他滑倒了,并且迅速跌了下去。他不断地下坠着,在这极其恐怖的时刻里,他的一生,无论好坏,也一幕幕地不断浮现在他的脑海里。当他一心一意地想着,此刻死亡正是如何快速地接近他的时候。突然间,他感到束在腰间的绳子重重地拉住了他。他被吊在半空中……此时,他一点办法也没有,只好大声呼叫:"上帝啊!救救我!!!"突然间,从天上有个低沉的声音回答他说:"你要我做什么?"

"上帝!救救我!!"

"你真的相信我可以救你吗?"

"我当然相信!!"

"那就把束在你腰间的绳子割断。"

短暂的寂静之后,登山者决定继续奋力抓住手里那根救命的绳子……搜救队第二天发现了一具冻得僵硬的登山者遗体——他的尸体挂在绳子上,他的手也紧紧地抓着那根绳子,在距离地面仅仅十尺的地方。

看完这篇文章,我不禁问自己,如果是我,我会有多么依赖手里的那根绳子?!舍得丢弃它吗?!答案无从而知。我们常说"舍得,舍得,有舍才有得。"只是当我们真正遇到要取舍的尴尬处境,又有多少人可以真正看开,舍得握在手里已有的"幸福"?舍与得往往是最叫人挣扎的,有时候,就是要学会"舍"。

智者曰:"两弊相衡取其轻,两利相权取其重。"正确的选择需要聪明才智,学会选择就是审时度势,扬长避短,把握时机,选择是量力而行的睿智和远见;关键时刻果断的放弃更是一种大智慧!放弃是生活时时面对的清醒选择,学会放弃才能卸下人生的种种包袱,轻装上阵,安然地等待生活的转机,渡过风风雨雨;放弃是顾全大局的果断和胆识,明智的放弃胜于盲目的执着,懂得放弃,才拥有一份成熟,才会活得更加充实、坦然和轻松。

正确认识自我,避开自己的短处,发挥自己的优势,是人生中做出无悔选择和理智放弃的根本依托。人生如戏，每个人都是自己生命真正的导演，只有学会选择和放弃的人才能彻悟人生，笑看人生，拥有海阔天空的人生境界。

№.13 男性如何减轻压力

传统观念中，男主外，男人有泪不轻弹，可有谁知道，男人也有心酸的事，没钱，没权，压力岂不更大？男人们越来越觉得自己活得太累，整天都面临来自事业与家庭的压力，他们焦头烂额，手足无措。这时，你是否想过要改变自己的生活？来听一听心理学专家的建议吧。

有位朋友是某报业集团的副总，经常感到胸闷、头晕、喘不过气来，到医院一检查，医生说是心病，叫"老板综合症"，由生活、工作压力过大所致；曾接触过一份外企职工（多数为男性）的心理测查报告，发现他们智力程度很高，但自我评价偏低，自信心不足。照理说，这些人都是生活中的佼佼者，怎会自信不足？其实很简单，在外企工作，环境压力更大，要求更高，加上给自己设定的升迁目标不断提高，由此导致自信偏低。

曾经有一句"其实男人更需要关怀"的广告词，道出了男人的内心感受。如今，男人们越来越觉得自己活得太累，整天都面临来自事业与家庭的压力。在焦头烂额，手足无措之余，不少人开始酗酒、赌钱甚至吸毒，以此寻求解脱。

这种生活的压力从何而来？其原因是多方面的，社会环境固然是不可忽视的因素，男性对自己、对女性、对周围环境的认识也是一个重要的因素。要调节自己的情绪，必须从自己固有的认识和行为规则入手，因为正是它们让我们无法适应社会，让我们疲倦。这里列举了几个生活中的规则，对照一下，看你是否受这些规则的困扰。

规则一：男儿有泪不轻弹。

女人受了委屈或有不开心的事可以大哭一场，而哭鼻子的男人却被认为是没有出息的。这一传统的规则一代一代传下来，致使男人不习惯用哭来宣泄不快和忧愁。殊不知哭无论对男人和女人都是有很大好处的。哭是一种极好的情绪宣泄方式，而且比其他宣泄方式更有益健康。男人没法用哭来宣泄郁积的情感，只好采用更加极端的方式麻醉自我，其结果要么是变成一个浑浑噩噩的彻底被麻醉的人，要么借酒浇愁愁更愁，反而陷入更糟的情绪之中。既然郁积的情感是非宣泄不可了，那你不妨把"男儿有泪不轻弹"的规则修正一下，在烦恼的积压下一个人痛痛快快地嚎哭一场，哭它个痛快淋漓，仍后再去做大男人，不也挺好？

规则二：大丈夫顶天立地。

在众多的家庭纠纷中，夫妻双方争论的实质是男人对女性的认识——是把女性当作一个独立的个体、生活中的伙伴来对待，还是只把女人当作一个家的点缀。大男子主义者在家庭中往往认为自己应占绝对的主动与主导地位，女人只是男人的一根肋骨，只能处于被动和服从的地位。糟糕的是，表面女人似乎很赞同此观点，事实上，她们除了要男人的保护还要独立，男人能完全满足她们吗？

随着自我概念的提升，现在的女性已真正支撑半边天，作为男人又何必做那吃力不讨好的事呢？这个规则应该被"大丈夫能屈能伸"替代，适应社会变化，调整自我概念和自我价值观，把爱人真正当成生命中的另一半，共同分担家庭与生活中的压力，男人也许就不那么累了。

规则三：男人应迎接刺激和挑战。

现在有些人越来越追求工作与环境的刺激和挑战。虽然他能从不断的成功中得到快感，然而这样的节奏对他们的心理伤害也是非常大的。心理学的研究早已指出，不规律的生活方式会给人带来很大的压力并造成身心疲乏，未来的不确定性更会让人整日里神经兮兮。倘若他没有很好的放松与宣泄方式，又不能寻求爱人的鼓励和支持，不累才怪呢！其实男人的生活也应平稳，只在适当的时候寻求刺激与挑战。

此外，还有一些通行的规则可以帮你减轻工作与生活的压力。

一是建立自己的支持系统，即多交朋友。这里的朋友可不是商业上酒席上的酒肉朋友，而是指真正的知音、知己，可以信赖，可以倾诉，可以真诚相待的人。本来家庭成员、同事朋友都是个人的支持系统，但遗憾的是很多时候这种关系徒有其表，无真正的互动，心烦时不会找他们诉说、求助，这对个人情绪的宣泄，压力的减轻是无益的。只有建立真正的支持系统，才不至于孤立无援。

二是寻求心理人员的帮助。专业化的心理辅导或心理咨询不仅可以帮你应对生活的压力，解除情绪的困扰，更可以帮助你进行审视和反省，促进自己的成长。对男人尤其是商业社会的男人而言，寻求专业的支持与帮助是非常必要的，关键是你有没有决心面对自己的内心。阅读一些心理咨询与辅导读物，对你调适自己的心理压力会有帮助。

最重要的是保持对自己身心状况高度的敏锐与自觉，别忘了身心健康是生活与事业的基础。心理问题有时也像身体疾病一样，积少成多。心理问题堆积越多，对个人生活的影响（往往是潜意识的）也越大，处理起来也就更为复杂。

困扰你的也许有上述规则，也许是其他规则，检视你的生活，淘汰掉不适宜的陈规，按自己的节奏和规律去生活，你就会拥有更多的轻松。

No.14　女性如何减轻压力

长期以来，女性一直接受着社会中以男性视角对自己的看法，即女性是柔弱的、是需要保护和照顾的，这一点在女性择偶上得到了充分的体现。然而现实生活并非如此，女性在承受着和男性同样的工作压力时，往往又比男性承担着更多的照顾子女和从事家务劳动等事宜，她们的付出不被家人认可的情况也时有发生，而且她们在成功方面被社会认可的程度也比较低，压力由此而生。

女人在思考方式、行为方式以及情感需求方面，和男人有着显著的不同。这些不同反映在我们生活的方方面面，当然，也反映在职场上。根据调查结果，女性白领的工作压力分值与男性仅有 0.05 的差异，这说明男女白领在工作压力大小上差别不大。可见，在职场中，现代女性一点也不比男性轻松，她们面临的压力同样很大。

对工作和生活都感到有些累，使她们也迫切地希望从紧张和不安的情绪中解脱出来。其实，女性的这种压力一方面是由当前竞争不断激烈的社会现实和社会生活的不断信息化、高科技化造成的，这种压力在所难免；另一方面则来自女性内心与社会的冲突。

面对压力，女性该如何缓解呢？下面的方法能帮助你：

（1）愉快地生活。无论在家里，在工作场所或在娱乐时，都要学会热爱生活、享受生活。

（2）有意义地生活。学会确立生活中小而具体的目标，并努力去实现。避免目标过于远大，因为目标与自己能力所及相去甚远时，往往会出现"心比天高，命比纸薄"的状况。

（3）自信与乐观。生活并非如镜子般平静，因此在遇到挫折和处于低谷时，自信和乐观尤为重要，切不可自暴自弃，不妨以"天生我才必有用"自勉。

（4）遇事莫慌，学会放松。情绪的过分紧张和焦虑，会影响一个人解决问题的能力；而生活中常常会遇到一些始料不及的事，应学会放松，调节自己的情绪，保持生活的规律和睡眠的充足，以饱满的精神状态面对并解决问题。

（5）改变认识，柳暗花明。学会换个角度看问题，有时你感到沮丧、绝望的问题，其实也有令人乐观的一面，正如俗语所说："塞翁失马，焉知非福。"

（6）面对现实，改变对策。回避挫折只是暂时的解脱，只有面对，才能使自己走向成熟。

总之，女性应该时时记住——不能让社会适应自己，只有让自己适应社会。

以下几点相信对许多女性也有不错的指导作用：

Chapter 04

（1）不要对丈夫要求太高。丈夫能为家庭提供生存保障，作为妻子就不要太苛求丈夫的温情体贴；而能给自己带来精神抚慰的丈夫，妻子就不要强求他再做个挣钱高手。

（2）不要对自己要求太高。工作上给自己定一个差不多的目标就行了，不要太在意上司对自己的评价。否则，遇到挫折就可能导致身心疲惫。

（3）不要处处谨小慎微，还要有点"我行我素"的气魄。

（4）有一两个闺中密友。不顺心的时候找个女友倾诉一番，烦恼便少了许多。

现代职场中，女性的作用越来越大。对于压力这个现代人无法回避的话题，通过两性差异比较，认清自身的压力反应特点，认清身边异性的压力应对方式，不仅有利于自身的身心健康，还有利于营造更加和谐的工作环境。

没有压力的生活是轻浮的，太多的或者不必要的压力则使人生沉重。尤其是那些负面、具备强烈破坏力的压力更是让我们痛苦不已，长期遭受这种压力的人，人心将极其疲惫。

人活在世间，自然也就处在各种各样的压力下，这些时时刻刻侵扰你生活的压力，就构成了人生的一部分。它们可能来源于你的内心，也显现了你对世间一切烦恼的无奈。也就是说，你的目标或者理想处在难以应付自如的处境中的时候，你会感到不适或者挫折，甚至产生了力不从心的苦痛……就仿佛有一座大山压在你的头顶，并且还在往下压、压、压！你的整个世界似乎就要崩溃了。这些时候，你就有必要为自己减轻压力做好充分的准备了。

Chapter 05 自加压力：激发无限潜能

那些有益的、必要的压力是我们获得动力的源泉，我们应该适时给自己一些压力，让自己更加有激情地投入到自己的工作和生活之中。

№ 1　人无压力轻飘飘

在一个生活节奏日趋紧张的环境中，普遍存在的压力的确是一个不容忽视的问题，于是全世界的专家教授都在强调"减压"，似乎让人们觉得一切压力都有害无益。其实未必，一般来说，只有哪些无法导致行动的压力才有害，因为它被"憋"在身体里，释放不出来。而如果压力能够促使有益于社会、人生的行动，它当然是正面的。当你走出家门，看到街头匆匆忙忙的人群，看到车水马龙，看到店铺里卖力吆喝的小贩，看到脚手架上辛苦工作的工人，是什么让你周围的世界如此有活力？一言以蔽之——压力！

"人无压力轻飘飘，井没压力不喷油。"这是20世纪70年代末电影《创业》里主人公周挺山的一句台词。心理学有两个领域研究了压力问题。它们都强调要调节压力，而不是单纯去"减压"。一是体育心理学。在体育比赛中，调控运动员赛前压力向来是教练员的重要工作。运动员在比赛前压力过大，吃不下饭睡不好觉，自然不利于运动成绩。但压力过小同样不利于比赛。想看完全没有压力的比赛？那好，记得巴西国家队、皇马俱乐部队在中国踢的商业比赛吗？那就是完全没有压力的比赛。谁会愿意看那种比赛呢？二是工效学。它专门研究工作环境与制度对工作效率的影响。在工效学中，"工作负荷"是一个重点问题。这个概念指人在单位时间里承受的工作量。与它有关的一条定理认为，"超负荷与低负荷都会造成人工作效绩的下降和身心功能的恶化。"

当传统社会向现代社会转型时，人们只注意生活节奏越来越快，生活压力越来越大这方面，忽视了另一方面，那就是由于财富的增加，"不劳而获"的生活方式逐渐从占人口极少数的"剥削阶级"扩大到普通人中。许多成年人实际上过着无所事事的日子，并且能够衣食无忧。

看看是青年中普遍存在的主动失业现象吧。在发达国家里，在中国一些发达地区里，甚至在不发达地区的一些富裕家庭里，不少青年人到了工作年纪却赖在家里，成为"啃老族"，这已经不是秘密。

笔者曾经了解到这么一对夫妻。男的30出头，女的年近30。两个人完全不工作，每天在家玩游戏，上网。因为两次宫外孕，女方摘除了两侧卵巢。从旁人的眼光看，这两个年轻人过着没有前途的可悲生活，但他们的内心体验里根本没有悲哀。因为男方的哥哥是富翁，他们的生活费用完全由大伯支付。两人整天无忧无虑，无所事事，缺乏追求。

想知道这种"主动失业"会导致怎样的心理疾病吗？去看看《新警察故事》吧。它揭示了现代社会中一个尚未引人注意的新问题——无聊会导致什么样的后果。片中几个"悍匪"都是来自富翁或者高官家庭的年轻人，衣食无忧，无所事事，便把抢劫和袭警作为消遣。电影作为艺术品自然有所夸张，但片中那些并不夸张的部分，比如这几个人天天打电玩，把精力消耗在"极限运动"中，却坚决不就业。不得不承认，这是眼下不少年轻人的写照。

"人无压力轻飘飘，井无压力不喷油。"这是许多成功人士几十年工作经验的总结。如果没有压力驱动，哪怕地下有再多的石油，也无法升到地面。同理，人也需要有压力，当一个人没有压力时，他就会四肢乏力、精神萎靡，处于一种漂浮的状态。"轻飘飘"的人是做不好工作的。要做好工作，必须不断给自己加压。

No.2 压力是潜能之母

一个人在高山之巅的鹰巢里，抓到了一只幼鹰，他把幼鹰带回家，养在鸡笼里。这只幼鹰和鸡一起啄食、嬉闹和休息。它以为自己是一只鸡。这只鹰渐渐长大，羽翼丰满了，主人想把它训练成猎鹰，可是由于终日和鸡混在一起，它已经变得和鸡完全一样，根本没有飞的愿望了。主人试了各种办法，都毫无效果，最后把它带到山顶上，一把将它扔了出去。这只鹰像块石头似的，直掉下去，慌乱之中它拼命地扑打翅膀，就这样，它终于飞了起来！

Chapter 05

绝路逢生是因为压力到了极限，这时，这时是人在不死的前提下拥有空前成功的时候。

压力是飞翔的翅膀。人在压力中成长。当然了，不是每个人都能在压力下有更精彩的表现，但适度的压力有时确实会让我们做事更有效率。有心理学家甚至鼓励我们，有时不妨要营造适度的压力氛围，增强动机，以便我们更有冲劲地去完成任务，激发潜能。

发过豆芽的人也许会发现，自己发的豆芽菜都细细长长的。好像营养不良。可是市场上卖的豆芽菜，肥肥胖胖的。原来，商家在发豆芽的时候，会在豆子上面盖上一层玻璃片之类的重物。当豆子要冒出芽来的时候，首先就会碰到这个压力。为了长出芽来，并有力量举起这层重物。豆子会默契地一起顶住压力往上长。

关于压力，美国一所大学还曾经进行过一个有趣的实验。实验人员用很多铁圈将一个小南瓜整个箍住，以观察南瓜逐渐长大时，对这个铁圈产生的压力有多大。最初他们估计南瓜最大能够承受250公斤的压力。在实验的第一个月。南瓜承受了250公斤的压力；到第二个月时，这个南瓜承受了750公斤的压力。当它承受到1000公斤的压力时，研究人员必须对铁圈加固，以免南瓜将铁圈撑开。最后，整个南瓜承受了超过2500公斤的压力后，瓜皮才破裂。研究人员打开南瓜，发现它已经无法再食用了，因为它的中间充满了坚韧牢固的纤维。为了吸收充分的养分，以便于突破限制它生长的铁圈，它所有的根朝不同的方向伸展，直到控制了整个试验田的土壤。

豆芽因受到外界压力的刺激而变得又粗又壮，南瓜为了冲破压力而彻底改变内部结构。由此想到人生和职场，大自然中的小小生物，面对压力都能做出如此神奇的反应，我们面对逆境、面对压力，岂不更应该顽强抵抗吗？果真如此，还有什么困难能吓倒我们？

人们说需要是发明之母，同样道理，压力可以称为潜能之母。压力有时会把人的潜能发挥到极点。压力可以促使人找到更好更聪明的处事方式。

通过娱乐圈中某些人或运动员的一生，人们能特别清楚地看到压力所产生的正面效果。有些演员，当他们受到压力，有重要人物在座时，他们的表演会特别出色。运动员也是这样。运动员在大场面的锦标赛或奥运会决赛时，他们的水准发挥得最好。对这种压力，不同的人有不同的反应。有些人被压力压垮，但另一些人则借压力刷新世界纪录。

很多人都酷爱接受身体上的刺激与震撼。人们会耐心排队，等着购票进场，甘心自掏腰包去观看恐怖电影或实地乘坐那些惊险刺激的游乐设施。他们这样做只为了要享受那种"被吓得半死"的惊险场面而已。但这种做法如果用到心理方面的话，将会产生意想不到的效果。

之所以这么说，是因为人们在正确认识压力的同时，还应该感谢压力所赐予的其他东西，即激发人的潜能。古语曾有"置之死地而后生"、"破釜沉舟"等说法，讲的就是事情往往到了压力的关头才有转机，当事者才不得不冷静下来，绞尽脑汁去思考转危为安的方法。压力常常激发人的灵感。

菲尔是一个超越压力而发挥潜能的典型。她是两个孩子的母亲。十几年前，她失去了工作、感情，而且没有固定收入。加之，她既未受过正式教育，又没有谋生技能，危机降临到菲尔的头上。更可怜的是，在决定试着创业后，她却选错了从商时机，所有的努力都付诸东流，境遇比以前更悲惨。可是她却没有因此放弃希望。

在凑足旅费，带着两个女儿回到故乡后，有一天，她去市场选购夏威夷罩袍，发现这些服装只有一种尺码，同时花色非常呆板，缺少变化。这大量的服装是由当地的染织厂制造的，样式千篇一律，做工粗糙，一点也不适合特殊的场合穿着。危机中菲尔马上意识到这一发现的价值，她决定改良这种产品，满足人们的多样需求。虽然当时她的朋友对她的想法提出了警告，但她充满自信，以仅有的 100 美元资金开始在家里为别人改缝她设计的衣服。

由于她改缝的衣服美观、实用且有特殊的风格，因而立即受到了当地的欢迎，菲尔的生意也就越做越大。后来，菲尔的服装卖到了美国本土，公司也不断扩大。菲尔在压力中产生的灵感不但从危机中挽救了她，而且还促成了她的成功。

菲尔的例子在生活中并不少见，你也许对她的灵感产生怀疑。事实上，如果是一个养尊处优的人，是绝不会想到那一点的，因为他没压力感，根本不会去积极发挥起自己全部的潜能，寻求摆脱困境的办法。而一旦人们调动起自己的潜能，则其力量是令人惊讶的。

安东尼·罗宾说得好：压力并不可怕，可怕的是我们是否受压力的摆布。

命运是由自己来创造的，我们应该主宰命运，应该向压力挑战。但凡成功人士都经受过无数次压力，一个经常生活在压力中的人，才是真正的有希望。我们不应该逃避压力，相反，为了挖掘自己的潜能，往往应为自己创造一定的压力环境。经历压力越多的人，他在挫折中的承受力和对挫折做出适当反应的能力就越高，压力给他带来的最终是潜能的发挥和成功地喜悦。

No.3　生于忧患，死于安乐

一个没有追求的人或许会这样解释自己生活：我可以不去追求那些所谓的功名利禄了，我没有任何压力，我可以什么事情都不敢兴趣，我只是简单的生活没有太多的欲望，等等。这很好，但是这并不等于危机已经不在你身边。实际上，危机正在时刻左右着你。

有很强的危机感不一定是坏事，有了危机的意识，我们才有了充分思想的准备，就象我们在得知自己生命的时限时，我们还能做许多的事情，而这样来看这危机就不会是多么的可怕。而对于那些没有危机意识的人来说，说不定危机随时都会变成真正的威胁。

The Rule of Pressure for Top 500 Enterprises in The World

很久以前，在挪威的一个小镇，人们靠捕鱼为生。小镇紧挨着大海，因出产沙丁鱼而小有名气。在那里，渔船归航抵港时，只要沙丁鱼是活着的，一定会被抢购一空，卖个好价钱。遗憾的是，由于每次出海的时间比较长，等到归来时，沙丁鱼已经死去很多。也正因为如此，活着的沙丁鱼才格外畅销。渔民们想尽方法，尝试着让沙丁鱼存活，但是无人成功。

有一次，一位老渔民照例出海打鱼。忙碌了几日，收获颇丰。他喜出望外，驾船火速返航。谁知才到半途，沙丁鱼便不再鲜活了，懒洋洋地潜在水中，一动不动。

老渔民一边察看着鱼舱，一边心里暗暗着急。他无计可施，只得按照老办法，挑出那些死去的沙丁鱼。这时他看见鲶鱼也不动了，捡出来正要扔掉，鱼儿忽地一跃，却掉进了装着沙丁鱼的鱼槽。

老渔民顺利归航了。让他不敢相信的是，到达港口时，原本以为那些已经死去的沙丁鱼，竟然都是蹦蹦跳跳的。经过反复研究，他终于发现了沙丁鱼存活的秘密。

原来鲶鱼进入沙丁鱼槽后，由于环境陌生，自然四处游动，到处挑起摩擦。而大量沙丁鱼发现多了一个"异己分子"，自然也会紧张起来，加速游动，整槽鱼上下浮动，使水面不断波动，带来充足的氧气，如此这般，使沙丁鱼活蹦乱跳地运进渔港了。

没有"异己分子"在沙丁鱼周围的时候，它们根本不愿意游动，以至于在没有到达海港之前就全部死去；当"异己分子"出现在它们周围时，它们产生了危机感，做出了适应生存的反应，这样才保证了它们在抵港的时候还都能活蹦乱跳。

渔夫的一个无心之举，让自己捕到的鱼鲜活起来。究其实质是他无意中刺激了动物本性中的一种竞争性和危机意识。

和沙丁鱼相比，人的危机意识就差多了，大多数人安于现状，不求新求变，日复一日地重复单调的生活。在疲倦的精神里空耗生命。而有强烈危机感的人大多成了精英一族。著名的微软总裁比尔·盖茨有一句名言："微软离破产只有 180 天。"海尔总裁张瑞敏讲"战战兢兢，如履薄冰。"危机感会让人警醒，让人未雨绸缪，让人求变求新，让人谋后而动，让人永远有准备，让人知己知彼，百战不殆。至少，危机感不会让人有懈怠之心，不会走那些沙丁鱼的老路。

我们虽然没有来自异族的侵扰，也不必担心有一天老虎会在面前出现，但是"逆水行舟，不进则退"，在生活中，尤其是在职场上，如果不能激活每个人心中的竞争性和危机意识，我们的结局和那些不愿意游动的沙丁鱼会有什么区别？

"居安思危，未雨绸缪"是一种超前的忧患意识。古人云："生于忧患，死于安乐。"说的就是这种忧患意识。《左传·襄公》中曰："居安思危，思则有备，有备无患。""居安思危"这句成语包含着丰富的哲理，成为中国几千年来从政者的警句和座右铭。著名学者余杰曾经说过：连危机意识都没有了，危机便像决堤的黄河水一样席卷而来。的确，没有了危机意识才是最大的危机。因此，为了更加充分地迎接未来的挑战，我们必须给自己增加一些危机意识！

未来是不可预测的，人也不可能一直会有好运，就是因为这样，我们才要有危机意识，在心理及行为措施上有所准备，才能应付突如其来的变化。如果没有准备，单从心理上受到的冲击就会让你手足无措，更谈不上采取什么应变措施了。

一个国家如果没有危机意识，这个国家迟早会出现问题；一个企业如果没有危机意识，迟早会衰亡；一个人如果没有危机意识，必会遭到不可测的横逆。有危机意识，或许不能把问题消弭，但却可把损害降低，避免陷于被动位置。

总之，有危机并不可怕，没有危机才是可怕的，而没有危机意识更是可怕的。有了危机，辩证去看待、处理危机，才能把压力变成动力，危机是我们获得巨大成功的源源不尽的动力。同样，强化自身的危机意识，才能防患于未然，一个人要想实现理想，就必须从思想上有着根本的转变。"生于忧患，死于安乐"正道出了这样的道理。但危机意识的培养不是教条的，只有

The Rule of Pressure for Top 500 Enterprises in The World

辩证地运用，才能使危机意识发挥最大的管理作用。

No.4　劣势不是坏事

　　有些人总认为自己先天不足，做什么事情都缺乏优势，于是信心不足、压力增大。但世界上的事物都不是绝对的，就像没有绝对的"大"和"小"一样，也没有绝对的优势和劣势。

　　西方有一句谚语说得好："同是一件事，想开了是天堂，想不开便是地狱。"人的压力多半是来自身的苛求、贪婪、攀比、自卑和没有明确的生活目标。

　　优势未必"优"，劣势未必"劣"，关键在于你是如何看待自己的"优"和"劣"的。曾经有人做了一个实验，让跳蚤在一个玻璃瓶里跳，起初跳蚤在经历碰撞之后仍可以从小小的瓶口中跳起，后来实验者在瓶口处塞了一个瓶塞，在屡次碰壁后，跳蚤学"乖"了，它只跳到瓶口处便回到原地。几天后，实验者拿下瓶塞，跳蚤仍"乖乖"地不敢越"雷池"半步。数日之后，跳蚤终于变成了一只"爬蚤"，从一个可以跳起自身400倍的跳蚤变成爬蚤，看来优势不会永远地"优"下去的，往往在弹指间就弃你而去。

　　世界上只有想不到的事，没有做不到的事。因为人的潜力是无限的，劣势会激发出你内心深处那无穷的潜力，转变劣势为优势。食人间烟火，尝酸甜苦辣，经喜怒哀乐，历荣辱兴衰，人生道路上充满了荆棘，遍布着坎坷，我们要学会变劣势为优势，激发无穷的潜力。

　　古时，项羽在攻打秦国时，渡河之后，命令士卒准备三天的干粮，然后下令把锅和做饭的罐全部砸碎，并把渡船凿沉。破釜沉舟之后，在与秦军交战中，楚军将士以一当十，奋力拼杀，终于取得了巨鹿之战的胜利。此次胜利为推翻秦王打下了坚实的基础。可见人的潜力是多么伟大的，它甚至可以扭转时代。

其实，处于劣势并不可怕，可怕的是处于劣势之后一蹶不振；处于优势也并不可喜，可喜之后，往往孕育着一场浩劫。茧不也是在经历重重困难之后获得蓝天的吗？假使茧在劣势时，受到优势条件的滋养，恐怕永远也不能靠近蓝天。所以说，优势未必"优"，而劣势未必"劣"。

No.5 逼迫自己跳跃前进

中国最著名的篮球明星姚明刚到美国 NBA 闯荡的时候，曾被美国球迷讥笑为"大笨鸟"，个子太高，身体太弱，动作太慢，被讽刺得一无是处。然而，如今的姚明已经成长为全世界顶级篮球明星。姚明在回答记者问题的时候，说过："我是喜欢逼自己进步的人。自己给自己压力，比别人强迫我要好得多。"

有不少人成就一番事业完全是自己逼出来的。

中国古时有一个叫天竹的小朋友，他和大孩子们在一起玩一种跳坑的游戏，由于他年纪小，力气也小，跳坑总是落在别人的后边，人家跳一米，他跳半米远，大家嘲笑他。天竹也恨自己无能，回到家里把一批竹子削出尖，然后来到跳坑的地方，把竹子尖朝上，从起点一直埋到大孩子们能跳到的最远的距离内。

跳坑开始了，天竹后退到很远的地方上，一咬牙，向前死命般地助跑。因为他知道，这一次要是不超过大孩子们跳的距离，结局是悲惨的，说不定会终生残疾。只见他如猛虎般地跃过了从前所有人所跳的距离，成功了，超过了一切的大孩子们跳坑的距离。遗憾的是那些大孩子，因为沙坑里埋下了尖朝上的竹子，没有一个人再敢跳了。

在生活中，很少有人愿意去逼你做事，而你面对的是要学会逼迫自己。因为你生存的状况取决于你同样要影响着你。给你压力的应该是你自己。逼迫，是一种勇气、一种意志、一种信念，更是一种智慧。现实生活中，我们是否需要逼迫自己？我们可曾逼迫过自己？

　　古希腊著名演说家戴摩西悌尼，从小说话吐字不清，但他酷爱演讲。为了使自己发音清晰，提高自己的演说技能，他口含石子，面朝大海，大声地练习。他的嘴皮磨破了，舌头磨烂了，仍逼自己集中精力苦练，久而久之，他不仅吐字清晰，而且演讲水平大大提高，终于成为世界著名的演说家。

　　宋朝的米芾是我国著名的书法家。他小时候喜欢书法，但却一直没有明显的进步。有一位外地来的秀才，字写得很漂亮。米芾向他求教。秀才给米芾一本字帖，让米芾照着练习，米芾很快就临好了。秀才看后摇摇头说："你要我教你写字，就必须用我的纸。"米芾不知秀才的用意，爽快答应了。秀才又说："我的纸很贵，五两银子一张。"米芾惊讶，可还是答应了。他只好用母亲变卖首饰的钱买纸练字。但他拿着笔，琢磨半天也不肯下笔，因为纸太贵，他怎么也舍不得写。秀才说："你不写，我怎么教你呢？"于是米芾很用心地写下了几个字，写出来的字竟然比帖中的字更好，简直力透纸背。米芾就这样用秀才的纸不敢苟且地练习，一点、一横、一撇、一捺，笔笔用力，笔笔到位。练过一段时间，秀才看着他写的字感到很惊讶：他的进步太快了！其实，那秀才并没有要米芾的钱，他只是"欺骗"他，让他惜纸，逼他用心。米芾就这样成了宋代四大书法家之一。

　　一个人要想有所建树，必须心无旁骛，集中精力逼迫自己斩断惰性与欲望之绳，一门心思地朝着既定的目标前行。梅花香自苦寒来。学会逼迫自己，越过"山重水复"的境地，必然会进入"柳暗花明"的圣域。

№.6　压力唤醒沉睡的心灵

　　一座古老寺庙中有一个小和尚，他从小父母双亡，寺中的众僧把他抚养成人。当然，他也为此付出了代价。每天清晨，他要去担水、洒扫，做过早课后还要去寺后的市镇上购买寺中一天所需的日常用品。回来后，还要干一些杂活，晚上师傅还让他读经到深夜。就这样，在晨钟暮鼓中，小和尚渐渐长成了健壮有力的少年。

有一天，小和尚在闲暇中和寺庙里的其他小和尚一起聊天，他得知别人都过得很清闲，只有他一个人整天忙忙碌碌。而且他还发现，虽然别的小和尚偶尔也会被分派下山购物，但他们去的都是山前的市镇，路途平坦，距离也近，买的也大多是些比较轻便的物品。而十年来，方丈一直让他去寺庙后的市镇，要翻越两座山，道路崎岖难行，回来时肩上还要背又重又多的物品。于是，小和尚带着诸多不解去找方丈，问："为什么别人都比我轻松呢？没有人强迫他们干重活、读佛经，而我却要干个不停呢？"

"阿弥陀佛……"方丈低吟一声，颔首而过。

第二天中午，小和尚扛着一袋小米从后山走来时，发现方丈正站在寺院的后门旁等着他。方丈把他带到寺院的前门，坐在那里闭目不语，小和尚不明所以，便侍立一旁。

日已偏西，前面山路上出现了几个小和尚的身影，当他们看到方丈时，一下愣住了。方丈睁开眼睛，问那几个小和尚："我一大早让你们去买盐，路这么近，又这么平坦，怎么回来得这么晚呢？"

几个小和尚面面相觑，说："方丈，我们说说笑笑，看看风景，就到这个时候了，十年了，每天都是这样啊！"

方丈又问身旁侍立的小和尚："寺庙后的市镇那么远，翻山越岭，山路崎岖，你又扛了那么重的东西，为什么回来得还要早些呢？"

小和尚说："我每天在路上都想着早去早回，由于肩上的东西重，我才更小心、更加紧速度，所以反而走得又稳又快。十年了，我已养成了习惯。"

这个小和尚就是后来著名的玄奘法师，他对东西方佛教的发展做出了不可估量的贡献。当年方丈对他的锤炼造就了他辉煌的人生，而正是因为看中了他坚韧的品质，方丈才加紧了对他的锤炼。

压力为什么会降临到我们身上？很多人都问过自己这样的问题，但并不是所有问过这个问题的人都能得到确定的答案。也许我为这个问题提供的答案算不上完美，甚至都谈不上完整，但这个答案至少不会使人们的心灵继续沉睡。有压力，才能警醒醉生梦死者，从而迸发出人生的激情，陡长出生活的勇气，让生命也变得尊严。因为压力，人生才变得精彩，压力是人生走向成功的动力。

No.7 加压锤炼赢者心态

罗马皇帝及哲学家马可·奥勒留曾经说过：困难不可能一次集中来打击人生，起码我们不能认为所有的艰难负担似乎都落在我们的肩上。相反的，我们应问自己："到底有什么是真正无法负荷、无法忍受的？"常常我们会发现实在没什么。接着再提醒自己，不要被过去或未来压垮，我们应该处理的只有现在。如果我们再把每件事分开，给他设定一个范围，再自问，还有什么无法承担的吗？

这一段言论告诉我们，保持良好的心态，能够让我们面对任何压力，反之，任何压力都可以锤炼我们的心态。讲一个发生在笔者周围的真实故事。

5年前，我造访一个朋友的陋室，正逢他穷困潦倒时，狭隘的单间平房里除了一张破床就一无所有了，整块墙壁上只贴了一幅大海报，上面赫然印着一个大红的"赢"字，非常醒目！

我当时打趣道："你应该在海报上画一堆人民币！"他自信的笑着给我倒水，"我会赢的，而且赢的不只是人民币。只要我天天开眼、闭眼看到这个字，我就特别激情澎湃！特别积极乐观！就好象看到5年后的景况，我就很用力的干！"

他并非痴人说梦。5年后，我坐在他的红色宝马里，去过他的别墅，客厅里依然张狂的"赢"字匾额发出咄咄逼人的光芒！他赢了，赢的就是"心智模式"。他告诉我说："你知道吗？态度决定高度，心态决定人生！"

众所周知，观念引导态度，以态度产生行为，以行为奠基习惯，以习惯表现人格，以人格组合命运，以命运诠释人生。人生的璀璨过程就在于要怀揣坦然的心态做一个跋涉者、一个创业者、一个赢者！美国著名管理学家彼得圣吉在其经典著作《第五项修炼》中，指出了危及企业寿命的"七大障碍"：局限思考、归罪于外、缺乏整体思考的主动承担责任、专注于个别事件、煮青蛙现象、经验主义、压力妥协。赢者对这些智障现象都会积极地克服，建立良好的心智模式、积极的人生态度可以帮助你战胜自卑、趋赶恐惧，可以帮助你克服惰性、提升自信，可以发掘自身的潜能，促使你更有成效的赢利！

他赢了，赢的就是看似"满不在乎"的"坚强"。我们知道，每一分钟都有大楼倾倒的危险，每一秒钟都可以将你从事业的巅峰抛进谷底。你是否已经自暴自弃？有没有人提醒你去看心理医生？你的承受能力大小是对你坚强与否的判定。不在乎得失！不在乎暂时的失意，坚决不沉沦！不在乎天意人为的损伤，坚持扭转乾坤！一步一步，坚强地走下去！

正如有句话说得好："人生没有输赢、对错。但是，有强弱。人生之所以会赢是因为心态上的坚强。你可以靠自己改变它，觉得自己强的时候，你就是赢了。"

一个文化传播公司的老总 25 岁开始创业，因员工疏忽造成商业诈骗，以致坐牢。27 岁出来的时候连投简历的勇气都没有了。后来被朋友介绍到客服部接电话，那时他的同学都做到了主管。他本一蹶不振，但朋友轮流劝他要坚持，慢慢走，别泄气！当他决定重振旗鼓时便想：我还年轻，在自己不讨厌的公司做基层，但是我有目标，人生的目标就是一个个短期的目标组合起来的，我朝着那个方向走，健康快乐的活着，我觉得我是强大的！

多年以后，他靠自己智慧的头脑和不懈的努力，又创建了属于自己的公司。回头想想自己的经历，他颇有感慨地说："失败到成功，这是一个锤炼的过程。每个生命都是上天赋予的。你要爱惜它，不要践踏它，所谓的失败是败在自己的心态上，为什么说要战胜自己呢？把心态转过来，成功就向你走来！"

人一旦有了压力，心态自然会产生微妙的变化。关键是这种变化走向何方，是心浮气躁、自暴自弃，还是沉着冷静、自然而然？基本上，那些能够取得成功的人，无一例外地能够保持一个良好的心态，压力不但不能压垮他的心态，而且还能让他的心态更加成熟。

No.8 压力赶走懒惰

如果你是一个穷人，突然之间你发现自己手里的彩票中了五百万，你会做什么？也许你会说，我要好好睡上几天；我要辞去辛苦的工作；我要游山玩水；我要吃大餐！的确，每个人都希望自己能够享受美好的生活，但不是每个人都能中五百万。如果你真的中了五百万，你会发现，你的经济压力完全消失，剩下的生活就是享受，完全沉醉在金钱带来的快乐之中。

于是，你的激情在逐渐消失，你的惰性在逐渐滋生，你不再豪情万丈，疏于工作，很少做事。每天睡得很晚，起得也很晚。睡得很晚的原因是贪于休闲娱乐，起得很晚的原因则是因为没有工作任务在等着你去完成。

人的惰性抑或是天生的。当生存的压力很大的时候，人不得不去振作，不得不去努力。唯其如此，生存才有所保障，温饱才得以解决。饥寒交迫的日子毕竟不会好受。如果不是这样，农民就不会顶着酷暑去耕田种地，冒着风雨去抢收谷物。

大学上热力学时老师讲，人是有惰性的，都是在一定的诱惑和压力下做事。后又读到一则故事，方对此有更深刻的理解。

一个体重超过 300 斤的大胖子向牧师诉苦："我情绪低落，又找不到女朋友，想尽办法减肥也不成功。"牧师说："我有办法帮你，明早 8 点做好出门的准备。"翌晨，一位穿紧身运动衣的美女来敲胖子的门，说："假如你能抓住我，我便是你的。"然后拔腿就跑，胖子气喘如牛地在后面紧追。以后每天如此，几个月后，胖子体重减少 20 斤。这一天他充满信心，认为一定可以追到美女，不料当他打开门时，外面站着的却是一位身穿跑步服的胖女人，看起来体重比自己几个月以前还重。她说："牧师让我告诉你，如果我能抓到你，你就是我的。"大家可想而知，这位老兄又该减肥了。

从这个故事我们可以体会到，人的工作和生活动力来自某种欲望或压力，欲望越强，压力越大，动力也就越足。这位胖兄以前多种方法减肥之所以失败，只因欲望或压力还不足够大。"重赏之下必有勇夫"则说明，强的欲望必会引发强的动力。

有一点儿压力，虽然有人会抱怨，可是这压力却能把有些人压出出息，压力或许就是他们成长和事业发展过程中不可复制的一笔宝贵财富。压力能挤榨出人们藏在心中的"懒"字，从而使他们走向了成功之路。

小敏是初三年级的学生，父亲是一家拖拉机厂的下岗职工，母亲一直没工作在家，父母每天靠做点小手艺、摆地摊维持一家生计。小敏虽然只有15岁却很懂事，一双穿了又穿的布鞋已露出一个脚趾头也从不抱怨。她说，只要学习好就行。今年小敏考了整个年级第一名，她的目标是省重点中学，父亲说过，就是砸锅卖铁也要供女儿读下去……据该校政治处统计，由于地处工厂区，父母"双下岗"或"单下岗"的"穷孩子"在该校各班均占 2/3。家长下岗对孩子本身就是一种现身说法的教育。在任课老师的印象中，下岗人的子女大多和路小敏一样衣着朴素、肯吃苦，易于管理和教育。

国内一家学校曾经对一个班级做过这样一项调查：在全班 54 名同学中，下岗子女占 27 人，其中父母"双下岗"有 8 人，而这 8 位同学中就有 6 位学习成绩名列班级前 10 名，有的还是班长。在其中一项"你学习的动力是什么"的问卷中，许多同学均填了"父母下岗"。由此可见，对大多数正在享受成长阳光的孩子来说，父母下岗的现实成就了他们的成熟，磨练了他们的意志。

　　压力无处不在，恐惧和逃避的情绪只会将暂时的困难和压力无限放大，进而毁掉人的信心和勇气！在压力面前我们要时刻保持积极乐观的心态，想想它或许只是你生活中的一剂调味品，只是成功路上的一段小插曲而已，我们有足够的信心与智慧去战胜它化解它！

　　面对压力你必须沉着冷静、缜密、思考、抓住机遇、全力以赴，这是一场对智慧、耐心与勇气的全面考验。然而，恰恰是这种考验能促使你不断突破极限，超越自我，激励我们在事业上不断奋进，创造新高。

　　许多成功人士正是这样的"抗压"高手，他们总是乐于承受压力、应对挑战，因为他们切实体味压力的魅力，发掘其中生生不息的成长力量。

　　生存的压力，使人变得勤奋，这种勤奋从某种意义上说，也在改变着人的生存方式或状态；而生活的庸碌，却极易使人产生惰性。与此相应的，这种惰性同样也在改变着人的生存方式或状态。"生于忧患，死于安乐。"我想，我们每一个人都应该好好读读，仔细想想，真正感悟出先哲名言给我们留下的启示。

No.9　把目标定得再高些

　　有一个学生终于读完了研究生，毕业了。但是自己却有些茫然，有些找不到自己今后的人生目标。于是便在毕业典礼的那天去问他的导师，导师没有直接回答他的问题，而是微笑着把他领到了学校的操场上。

　　导师在操场上边走边聊，一会从起点到了终点，一圈走过来了。导师看看表说道："我们绕着操场走了一圈共花了15分钟的时间。"这个学生虽然不大明白导师究竟想干什么，但也没有问。这时，导师又跟他说："你自己一个人绕着操场再走一圈。"一会,这个学生一圈走了过来,回到了导师的身边,导师又看看表说:"你花了10分钟的时间,比我们一起走快了5分钟。"然后导师又让他扛上一块石头,再绕着操场走一圈。学生照做了,一圈下来,虽然说是有点累,但感觉明显要比前2次快了许多。于是导师又看看表说:"你花了7分钟,比上一次快了3分钟。"

导师最后告诉他:"当一个人漫无目的的行走时,速度是最慢的;当你一旦确定目标时,那么你到达终点的时间就会快一些;当你确定目标后再背负一些压力的时候,这时速度往往才是最快的。"这个学生很快就明白了导师的用心良苦,也从中得到了很多的启示。

想想不仅仅只是那个学生领悟了很多,我们看了这个故事也觉得从中获得不少的启发。就像一个在行走的人一样,首先目标就是他所要确定的终点,只有先确定好了这个终点,然后才能决定朝着哪个方向去前进。压力就是人在前进过程中的一种阻力,你前进的速度越慢而相对的阻力也就越大。

我们常常听说这样的言语:三年规划、五年规划、近期目标、远景目标。社会发展,国家要有规划,人生也一样应该拥有属于自己的目标。有了目标,你才有压力,有了压力,你才有动力。

一位著名的足球教练把自己的球队从低级别联赛带到高级别联赛后,记者采访他说:"请问您下一个赛季的目标是什么?是保级吗?"

这位教练回答说:"当然不是。你总会听到升级球队的主教练说,下赛季我们的目标就是保级。在我看来这是非常错误的,因为这样10次中有9次你会再次降级。我们需要把目标定得再高些,我们需要打出强队的成绩。"

的确,在我们制定目标的时候,我们总是认为就近的目标才最切合实际,而不敢奢望更高更远的目标。因为就近的目标最现实,也最省力,很容易就实现了,而给自己制定一个遥远的目标,看上去很美好,但困难太大,压力太多,万一不能实现目标,说不定要遭到沉重的打击!

但有些时候,我们必须把目标定得更远,才能让自己立于不败之地。如果你所在的公司实施末位淘汰制,你的目标仅仅是不被淘汰就万事大吉,那你永远也得不到晋升的机会；如果你的目标只是当一个优秀的员工，那么你永远也不会成为管理者。

小李在一家环保设备公司做业务工作，根据公司的竞争原则：年终总结时，业绩排在前三名者有机会晋升业务主管，后两名则面临淘汰。

面对来自工作上的压力，业务员们暗下决心，纷纷制定了自己的工作计划、半年目标、一年目标等。谁也不想面临被淘汰出局的尴尬。

小李同样制定了自己的全年目标，他的目标是这样的：

(1) 前两个月内拜访客户，数量在60个以上。

(2) 三个月内找到意向客户40个，准客户不少于15个。

(3) 半年内业绩不少于200万元，回款额不少于120万元。

(4) 全年业绩争取达到600万元，最少不能少于500万元。

小李把这份计划写好以后，并没有像其他业务员一样偷偷实行，而是在一次公司的例会上当场公布自己的计划，并向领导保证如无法完成计划，可随时走人。

同事们都认为他疯了，大言不惭地说这些疯话，到时候完成不了看你怎么收场！

自从制定完自己的计划，小李的生活完全变了。为了不让自己的大话变空话，他更加努力了。他比平时早起了一个小时，然后去跑步，以此提高身体素质，迎接挑战。白天上班的时候，同事几乎看不到他的人影。因为他几乎整天都在外面找客户、谈业务，只有开会的时候才难得见上一面。

刮风下雨的日子，其他业务员懒得出去，躲在办公室打牌，而小李仍不辞辛苦出去奔波，因为他只要一想到自己的计划，就什么都顾不上了，只有严格执行自己的计划，才能完成自己的目标，才能不让别人看笑话！

转眼年底到了，公司例行年会上，领导特别表扬了业务部门超额完成了的任务。而小李的业务量毫无疑问排在第一位，比第二位多出300多万元，达到了近800万元之多，超额完成了自己制定的600万元的计划。当小李从领导那里领回一个大大的红包时，同事们纷纷投来羡慕和敬佩的目光。

小李的故事告诉我们，给自己施加压力，它会让你的目标更远大。让自己的目标更远大，就必须应对随之而来的各种压力。如果你承受不起这些压力，那么你最好还是选择切合实际的目标，前提是你必须接受现实，做一个平凡的人。

当我们一旦确立了人生的目标后，正确的处理好来自各种形式的压力，才可以为自己营造一个更加轻松的学习、工作和生活的环境，才能让自己更快的实现伟大的目标，才会让自己生活得更快乐更开心。

压力确实能激发潜能！当你在意想不到的时间内完成了意想不到的业绩时，同事们会充满敬意地赞叹："真想不到……你怎么就能做到？"你则无限感慨地说："还不都是被逼出来的！""逼出来的"究竟是什么东西？就是人的潜能。通过紧张而充满压力的外部环境来刺激自我，挑战极限，进而激活自身潜能的完全释放。这种外因诱发潜能的做法本身还带有一种竞技游戏的效果，因此，对个人而言，更易于激发人的兴趣和斗志，也更易于坚持。世界纪录都是在竞争激烈的比赛中创造的；而学生临考前，往往学习效率最高。

人是非常矛盾的动物，一方面我们愿意发展，而另一方面，我们又安于现状，真正能卧薪尝胆，自我警醒的人是很少的，大多数人需要的是鞭策，是当头棒喝。在生活当中，很多东西是被逼出来的，被逼是福，因为被逼确实逼出了很多成就。长颈鹿的脖子怎么那么长，是合欢树的叶子逼出来的，因为树的叶子越长越高，长颈鹿的脖子就越伸越长。

一个追求卓越的人必须抱有迎击压力的高昂斗志和坚韧不屈的意志力，用压力去激发自我的潜能，让自己做得更好。

No.10　多干工作，自加压力

"年轻人应该多干工作，自加压力"，很多领导常对员工如是说。但是这样的话无异于一个推销员对顾客说："你买这个产品吧，没什么坏处。"而这显然是不够的，也没有什么说服力。

一提到"压力"和"多干"两个词，很多人都会紧皱眉头。为什么呢？因为活在现代太累了，快乐和休闲简直成了奢侈品，压力和繁重的工作如影随形，任你怎么甩都甩不掉，并且还让你不堪负荷，无法逃避，亦无从很好地解决。这就是现如今很多人为什么身心疲惫的主因。

很多人寒窗苦读数十载，盼着考上名牌大学，考上了之后又发现前途依旧渺茫，因为竞争太激烈，面对未来不知何去何从。结果，费尽千辛万苦找了一份令自己满意的工作后，原以为可以喘口气了，终于可以享受人生了。孰料，工作也让人不堪重负，此时方知，现在人做什么都不轻松，都有压力。

2007年华为一名员工的过劳死而引起了人们的巨大反响。据说，华为一直奉行的枕头文化、狼文化，而这种文化的起源就在于残酷的生存压力。虽然华为的月薪不菲，但是每一个人都要付出百分之二百的精力去工作。在华为，人人都是拼命三郎，人人都把所有的时间全部用在工作上，缺少运动，缺少活力，缺少生机，在这样一种氛围中，人没有压力也不会很健康。

这种压力固然让人感到紧迫和充实，但并不是值得提倡的。"一张一弛，文武之道。"压力太多了也要学会释放，否则得到的会远远大于失去的，这也符合适者生存的道理。

在这里，笔者所说的"多干工作，自加压力"，并非像华为员工那样为了工作宁可牺牲健康，而是指要培养"主动"寻找工作的习惯，最有效的方法是挖掘对工作的兴趣和热忱，又或者自我制造"压力"，"今天不努力工作，明天就要努力找工作。"因为"热忱"和"压力"是巨大的力量，它是行动的主要推动力，它好像是"火车的蒸汽"，没有它，你就像一个没有了电的电池。

常常有一些人，在工作中缺少主动性，每接受一个工作时，总爱推三阻四，得过且过，把困难摆在前面，再向困难低头；更有甚者，上司布置一件工作，做了第一步，便停手，等上司来催，再做第二步，再催一下，再做一步，引得上司不满，有人甚至为此丢了工作。

这种不主动工作，不积极解决困难的人自然难以在企业中很好地生存下去。相反，那些善于多干的人就不一样了。因为多干就会多得，当然，得来的范围就大了，包括工作经验、领导的赏识等。可见，多干是打基础、利长远的好事，每个员工都不要消极倦怠，在完成本职工作的时候，还要自己找些事做。

优秀员工就是那"多干"的人。从表面上看，他们比平庸者拥有更多的智慧、能力和机遇。但实际情况是，他们之所以能拥有这些，是因为他们能在没有领导命令的情况下，主动挖掘自身潜能，从而慢慢拉开了与平庸者的距离。

小李是某商店的员工，一直觉得工作很轻松，因为他每次都能很快地完成领导布置的任务。一次，领导让他把客户的消费记录整理出来，他又在极短的时间内做完了。之后，他就坐在椅子上，一边喝水，一边看当天的报纸。这时，领导进来了，看了这个人一眼。然后一言不发地开始整理那些已经定出的货物，又将柜台等地方打扫地干干净净。

这件事让他感触颇深，他从中意识到自己原来的行为有多么愚蠢，他明白了一个人不仅要将本职工作做好，还要经常多干一些工作，即使领导并未吩咐你去做。这一观念的改变，使他更加努力地工作，而且有时候当他看到领导在加班后，他下班后自愿留下来，陪同领导一起工作到很晚。他说："没有人要求我这么做，但我认为自己应该留下来，在需要时为领导提供一些帮助。"虽然额外的工作占用了他的休息时间，并且没有任何报酬，但是，他非但没有感到压力增加了，反而还从中学到了更多的东西。一年之后，他的工作能力突飞猛进，最终得到了领导的重用。

此类的事情不胜枚举，我们身边的很多人都是这样在主动做事中得到了能力的加强，自然也重新树立了在领导眼中的形象，从而被委以重任，走上了职业生涯的转折点。

微软公司在中国的总裁唐骏就是这样走向成功的。刚进入微软的时候，唐骏在微软的12000名员工中，只是个处于底层普通的软件工程师。

1995年，王志东带着自己研发的中文平台RichWin去美国与微软洽谈合作。没有RichWin，微软在中国很难推广，因为微软做不到中文系统和英文系统同时进行。唐骏听后感到此事的重要，但在研究的过程中他发现一个技术问题必须解决，就是切换代码。当时唐骏有一种想法，就是要设计出一个代码让所有的技术自动变换。但是这个问题无数的员工向领导反映过了，谁都知道问题在哪里，却都不愿面对困难，花大力气好好研究，找出一个最佳的解决方案来。

在没有任何领导吩咐的情况下，唐骏主动地去挑战这一难题了。经过一番摸索之后，他将自己的解决方案给了公司的最高层，最后到了比尔·盖茨那里。

微软一直想处理这个问题，无奈没有人主动请缨，但唐骏做了这个项目，并且把这个问题解决好了。

后来，公司让唐骏组建了一个20人团队，让这20个人去教1900名软件工程师，让他们学会唐骏的引擎开发模式，从而培养一个尖端部队出来。而唐骏就是这个团队的领导者。

正因为毫无怨言地并且主动去解决问题，唐骏才能一个名不见经传的小员工一跃而成为一个技术部门经理。

从上述的两个事例中，我们可以发现，多干必然多得，无论对个人还是对企业都有害无益。

多干工作，就是要求员工对企业有责任感，因为责任感必然会产生动力，一个有责任感的员工不可能不会尽心尽力的工作，根本不需要企业管理者再去施加什么压力。在这种压力下产生的动力才会有高效率，才会长远利于个人和企业的发展。可以说这种压力已经是隐性的，更是通过责任感而表现出来，因此它不会使员工对企业产生厌烦，不会使员工感到压力的痛苦，相反，它会使员工在努力工作中获得安慰和自豪，这就是责任感得到满足后的心境。

多干工作，有助于增长个人才干，提升专业水平。实践出真知，工作能力水平的提高，一方面源于学习，更重要的是在实际的工作中，通过个人的努力,来把握工作规律,获得社会经验,增长实际本领。另一方面源于主动做事,在闲暇的时候,知道主动给自己施加压力,找些事做,或是和其他同事一起解决所面对的难题。

有时看到别人做某项工作,自己认为很简单,但一旦自己来做,可能会存在眼高手低的现象,这就要自己想办法、动脑筋、多摸索,多掌握一些处理问题的方法,提高工作能力,也只不过是牺牲了一些休息时间而已,何乐而不为呢?

也许你会说:"一个萝卜就在一个坑里,给我这些钱我就干这些活;多干,干别人应该干的,那我岂不是很吃亏?"但是,在工作中不能过多计较个人的得失。你用"多干点"的付出换来的是珍贵的实践机会,这种"吃亏"不但合算,而且符合职业生涯的规律。所以说,所谓"多干"在某种意义上可能本来就是"应该干",判断的原则是:"只要是单位和其他员工许可的实践,那就都是应该干的";你一旦能够有这样的认识,形成开放的心态也就不再是一件难事。

社会在发展,人们的思想也在变化,希望每个员工不要总以"这不是我的分内工作"为由来逃避责任。"多干工作,自加压力"是你在给自己提供的学习和实践的机会,你应将其视之为一种机遇,一种锤炼。若是有这种意识,当的员工考虑今天怎么过时,你已经走在他们前面了。

No.11 竞争对手是最好的老师

你可以把竞争对手变成敌人,与之较量争斗;也可以把他变成助己晋升的阶梯,登上人生高峰。

现如今,竞争无所不在,不仅在市场上无法回避,同样也体现在公司内部的部门及同事之间。如同自然法则所示,竞争的自然结果是优胜劣汰。但随着时代的发展,人们的观念也在逐渐转变。竞争虽是客观存在的,对我们构成一定的威胁,但是结果却未必一定是你死我活了。

能够成为竞争对手的，不论大小，都会有我们学习的地方，我们应该将竞争的过程当作一个学习的过程。美国钢铁大王卡耐基在未成功前就懂得这个道理，他经常虚心地向洛克菲勒、摩根和其他金融巨子学习，留意那些人的一举一动，研究他们的信念，模仿他们的做法，结果他也成功了。

你的对手，之所以能有那么强大的实力，不是凭空产生的。假如你还没有达到预期的成功，那么可能是你的方法不对，才突破不了瓶颈，在原地打转。与其陷入苦恼中难以自拔，不如抬起头来，看看你的对手是如何做的。

学习别人，实际上也是节约自己的时间，因为别人已走过这条路了。

在现实生活中，有些人比较偏执，爱走极端，这样的人做事往往认死理，不撞南墙不回头。

小冯推销一种电子仪器，但是总是屡屡碰壁。几次遭拒绝之后，他都想辞职不干了。他认为自己缺乏和他人沟通的良好口才，对这个行业也不是那么十分了解。

正在这时，他发现原来的一个同学也和他一样做这种业务。但是他的方法却很独特。那个同学每次在向人推销时不先入主题，而是询问某公司的电子设备是否好用，曾经出现过哪些问题，对方的售后服务怎么样。在听到一番抱怨或是平淡的介绍之后，他再开始介绍自己公司的产品。往往到了这时，客户和他已经进行了较为深入的聊天，也容易认可他的东西了。

同学的推销方法让他受益匪浅，在接下来的工作中，他也效法工作的做法，居然真的销售了一部仪器。

竞争对手是最好的老师！面对对手首先要学习做个"偷心"的人。每一个人都有自己的长处，偷偷留心，把对手的长处学下来，博采众长，成为自己的优点，比学MBA的效果更为上乘。将对手视为榜样，将每一次竞争对手的到来看成是学习他人、壮大自己的机会。学习他们见长的一部分，专注于寻找你的竞争对手正在做错的元素，你才可能有很好的机会超越他。

曾听说这样一个故事：有个从偏远山区考到城里读书的女孩，刚开始时她很普通，学习成绩也就是中下等。她没有自暴自弃，也没有怨天尤人，而是仔细分析了班里同学的优点，将其列成一个单子，例如："马新颖做事认真，刘涛字写得漂亮，王方爱思考问题，陈伟热情奔放……"她依照这个单子来要求自己，学他人之所长。

一次，学校组织了一个演讲比赛。由于她的乡音很浓，结果得了最后一名。比赛结束后，她找到第一名的同学，和她说："你是正数第一，我是倒数第一，咱俩交个朋友吧。"从此，她们成了志趣相投的知己，她经常听对方读课文，听完之后，她就照着重复几遍，直到自己满意为止。就这样，她集他人之长，补己之短，很快成了班里的佼佼者。

这个女孩虽然年龄很小，但具有很强的竞争素质。她开朗、自信、乐于助人、与人为善、善于合作，充满了现代人的气息。作为一名员工，我们只有像她那样，向竞争对手学习，在竞争中完善自我，充实自己，才是明智之举。

一个人的体验是有限的，而和对手的交往却能为我们提供互相学习、借鉴的机会。明智的人应当利用这些机会，学习和借鉴各类人的长处与短处，扩大自己的视野，提高工作能力。而是嫉妒，则是愚蠢的人做的事。

纵观那些事业有成的商人、企业家，无不都善于向别人学习。例如，全球零售巨头沃尔玛的创始人山姆·沃尔顿常说"向竞争对手学习"，后来他还总结出了一个终身受益的宝贵经验——要学习每个人的长处。

职场上，谁是对你最有影响力的人？如果答案是你的竞争对手，不管他来自公司外，还是公司内，你会感到意外吗？设想一下，在百米赛场上，你是否能跑出好成绩，很大程度上取决于什么人和你一起站在起跑线上。因此，放下架子，调整好自己的心态，向你的竞争对手学习吧！因为他会使你更富竞争力。

Chapter 06 压力就是动力

如果你想翻过墙,就先把帽子扔过去。你的帽子已在墙那边了,你就别无选择,你就得面对成功路上的种种挫折与压力,下定破釜沉舟的决心,义无反顾地去争取成功的机会。

No.1 压力可以转化为动力

很多人都在奇怪，那些看上去具有传奇经历的成功人士，怎么总是有那么旺盛的精力和斗志，于是总以为这些人运气好，有贵人帮助，才因此得势。其实并非如此，即使真的有运气的成分，也绝不能起决定作用。

其实，很多人之所以成功，就是因为他具有超常的毅力，不断激励自己前进，再加上自己的聪明才智，最终脱颖而出，超越对手的。

1832年，林肯失业了，这显然使他很伤心，但他下定决心要当政治家，当州议员。糟糕的是，他竞选失败了。在一年里遭受两次打击，这对他来说无疑是痛苦的。接着，林肯着手自己开办企业，可一年不到，这家企业又倒闭了。在以后的17年间，他不得不为偿还企业倒闭时所欠的债务而到处奔波，历经磨难。随后，林肯再一次决定参加竞选州议员，这次他成功了。他内心萌发了一丝希望。认为自己的生活有了转机："可能我可以成功了！"

1835年，他订婚了。但离结婚的日子还差几个月的时候，未婚妻不幸去世。这对他精神上的打击实在太大了，他心力交瘁，数月卧床不起。

1836年，他得了精神衰弱症。

1838年，林肯觉得身体良好，于是决定竞选州议会议长，可他再一次失败了。1843年，他又参加竞选美国国会议员，但这次仍然没有成功。林肯虽然一次次地尝试，但却是一次次地遭受失败：企业倒闭、情人去世，竞选败北。要是你碰到这一切，你会不会放弃？

然而，林肯没有放弃，他也没有说："要是失败会怎样？" 1846年，他又一次参加竞选国会议员，最后终于当选了。两年任期很快过去了，他决定要争取连任。他认为自己作为国会议员表现是出色的，相信选民会继续选举他。但结果很遗憾，他落选了。因为这次竞选他赔了一大笔钱，林肯申请当本州

The Rule of Pressure for Top 500 Enterprises in The World

的土地官员。但州政府把他的申请退了回来，上面指出："做本州的土地官员要求有卓越的才能和超常的智力，你的申请未能满足这些要求。"

接连又是两次失败。在这种情况下你会坚持继续努力吗？你会不会说"我失败了"？然而，林肯没有服输。1854年，他竞选参议员，再一次失败了；两年后他竞选美国副总统提名，结果被对手击败；又过了两年，他再一次竞选参议员，还是失败了。林肯一直没有放弃自己的追求，他一直在做自己生活的主宰。直至1860年，他当选为美国总统。

面对压力之下再坚持一下，成功就在你的脚下。《简·爱》的作者曾意味深长地说：人活着就是为了含辛茹苦。人的一生肯定会有各种各样的压力，于是内心总经受着煎熬，但这才是真实的人生。确实，没有压力肯定没有作为。选择压力，坚持往前冲，自己就能成就自己。

应该认清的是：压力是生活一部分，是自然的，不可避免的，压力有其消极的一面，也有其积极的一面。就像冰雪造就了不畏寒的爱斯基摩人一样，适当的压力也会使人保持清醒的头脑和斗争的热情，从而加强对自身潜力的挖掘，巴尔扎克不就是在债台高筑的情况下，才写出了旷世巨著吗？

出生于普通人家的法国著名的作家巴尔扎克，在他30岁之前从来没写过令自己满意的作品。他的亲人希望他能经商，这样生活可以更富足些，但是他却希望能够写作。他最大的希望就是有人能提供他一年生活费用，让他能够安稳地写作。

但残酷的生活让他不得不走上经商的道路，他先后办了不少工厂，但没有一家能够成功；他也曾和出版商合作，经营书籍，但也失败了；他又办了铸字厂和印刷厂，但厄运连连，这两家厂先后倒闭，而且欠下的巨额债务足以让他还30年。

没有钱的他不得不走上卖字求生和还债的道路。一年之内，他发疯似的写下了3部小说，但那些书反响平平，销售也不理想，而且因为版权得不到保护，即使小说写成，也不足以解决生计问题。他改做记者，为多家日报撰稿，他每天撰写大量的文字，换来一些微薄的稿酬。债主天天上门逼债，他绝望过，也想过放弃。但他十分崇拜白手起家、意志坚强的拿破仑，他把拿破仑的画像放到书桌前，鼓励自己必须坚持下去。

他开始创作小说。一天只睡四五个小时，喝大量咖啡，每天晚上 8 点上床，午夜起来写作，直到早晨 8 时。为了让自己的文字尽快变成金钱偿还债务，每天早餐之后，他就把手稿送到印刷厂。因为创作时间仓促，文章上经常有错字和文理不通的部分，他只好对校样改了又改，而且他不是只改动几个标点，而是大段地重写。其中一本名叫《老处女》的小说，他一连改了 9 次，最后让排字工人十分厌烦，他们甚至抗议以后不再排他的文字。

巴尔扎克在 30 岁之后的生活几乎全是为债务而发疯似的写作。在后来的 20 年内，他创造了 100 多部小说，其中的《人间喜剧》、《高老头》等数 10 篇小说成为传世之作。

巴尔扎克为挣钱还债，写作、写作、再写作。他能从一个平庸作家成为著名作家，动力竟来源于那些巨额债务。

我们在面对巨大压力时，如果选择放弃，那我们永远也不会像巴尔扎克那样得到成功的眷顾。我们应该客观的去看待"压力"。我们只有经受住"重重压力"的考验，才能体会"成功"是何等的珍贵；也只有在"成功"后才会知道"压力"的意义。没有用"压力"砌成的一层一层台阶，我们可能永远呆站在原地，无法迈出任何一步。只有在历经艰难困苦后，找到正确的方向，不懈努力，我们才能接近成功的灯塔，获得光明。不经历风雨，怎么见彩虹，没有人能随随便便成功。

人在成长的过程中特别是幼年时代，总会不断遭受外界的批评、打击和挫折。但是只要有奋发向上的热情，不丧失信心和勇气，这样就能渐渐养成勇于承担责任、敢于拼搏的性格，从而成就自己的梦想。

The Rule of Pressure for Top 500 Enterprises in The World

No.2　没有压力就没有动力

压力既有破坏性力量，也有积极的促动力量。压力能够变动力，这是物理学上的一条定理。用物理学的方式解释，压力实际上是产生动力的一个基本条件。典型的例子是蒸汽机，只有当压力形成，才会产生相应的动能。

生活中，没有压力导致缺失动力的例子比比皆是。以体育比赛为例，记得巴西国家队、皇马俱乐部队在中国踢的商业比赛吧，那就是完全没有压力的比赛。无论比赛结果如何，都是例行公事，其比赛的激烈程度、认真程度都无法与一场普通的联赛相提并论。看看那些中学生吧，为了父母的期盼，为了考上理想的大学，孜孜不倦地苦读，不正是沉重的压力带来的动力吗？而很多已经考上大学的学子们却又因为没有升学的压力，而丧失向上的斗志，只顾享受大学的美好生活。

欧洲有一个经典的故事说，一条猎狗将兔子赶出了窝，一直追赶它，追了很久仍没有捉到。羊看到此情景，讥笑猎狗说："你们两个之间，个子小的反而跑得快。"猎狗回答说："你不知道，我们两个跑的目的是完全不同的！我仅仅为了一顿饭，他却是为了性命！"

1983年，美国人伯森·汉姆用徒手攀壁的方式，登上了有"世界第一高楼"之称的纽约帝国大厦，在创造了吉尼斯纪录的同时也赢得了"蜘蛛人"的美誉。美国恐高症康复协会聘请他去做心理顾问，伯森·汉姆接到聘书后，打电话给当时的协会主席诺曼斯先生，让他查查会员档案中第1042号会员的情况。诺曼斯翻开会员档案一看，才明白这位会员就是伯森·汉姆。原来，这位被誉为"蜘蛛人"的吉尼斯纪录创造者，曾是一位恐高症患者。

诺曼斯感到很不可思议。一个恐高症患者竟然会成为一个"蜘蛛人"？他决定去拜访他，以解开其中的谜底。然而，令他想不到的是，他在伯森·汉姆那里得到的答案却简单地不能再简单：我们为什么不变压力为动力，挑战一下自己呢？

诺曼斯先生听了这句话，最终悟出了其中所包含的哲理。伯森·汉姆之所以能从一个恐高症患者成为创造吉尼斯世界纪录的"蜘蛛人"，是因为他是一个善于挑战自我、变压力为动力的人。在整个挑战自我的过程中，他的眼光始终朝前，把脚下的每一步当作一个起点，心无旁骛地朝着目标前进。心里有了向前奔的目标，就没有了瞻前顾后的犹豫，而高度对他来说，就构不成前行的威胁，恐高症自然就消失了。

伯森·汉姆对待压力善于挑战自我的态度值得我们学习。在我们为成功而奋斗的路上，有的人一旦遇到压力就垂头丧气，知难而退，一副穷途末路的样子让人怜也让人厌，他们不知道眼前的困境仅仅是成功路上一次小小的挑战，让一个个机会从自己短浅的目光中溜走。他们不知道，人的潜力是无限的。有压力不是坏事，压力常常与希望同在，面对压力，善于挑战压力带来的困境，将压力转变为前行的动力，也许你会收获意想不到的成功。

可见适当的压力是前进的动力，她会使生活增添情趣，使工作充满激情，使生命焕发勃勃生机。哲学观点认为世界是物质的，物质无时无刻不在变化着。促使物质永恒变化的则是事物内部的矛盾。矛盾的产生来自于事物的两个方面，而两方面的相互作用便是我们认为的压力。所以，压力是促使万事万物发展进步的源动力。

在生活中，我们会遇到形形色色的压力。科学研究表明，有的时候，压力往往会成为成功的动力。在某种压力的驱使下，人们往往会超越自己的生理和心理极限，创造生命的奇迹。由此可见，成功不仅仅需要智慧，有时还需要来自外界的压力。很多时候，成功是逼出来的。

有一则谚语说得好："如果你想翻过墙，就先把帽子扔过去。"帽子已在墙那边了，你就别无选择，你就得面对成功路上的种种挫折与压力，下定破釜沉舟的决心，义无反顾地去争取成功的机会。而生活在这个充满竞争的社会，我们要想成就一番事业，不妨给自己适当地增加一些压力，挑战一下自己的能力，或许我们能在压力的逼迫下，最大限度地发挥出自己的潜能，像"蜘蛛人"伯森·汉姆一样，创造出不凡的业绩，获得意想不到的成功。

No.3 竞争带来压力

现在是个竞争的时代，没有竞争，就没有发展；没有压力，就没有动力；没有对手，自己就难以强大。一个人要想成功，必须具备"你行我也行，你赢我也赢"的竞争意识。有了这种意识，人才不会受嫉妒的折磨，成功就会变得越来越容易。因为成功的捷径是向成功者学习，与成功人士合作。假如有人胜过你，你就真诚地欣赏他，虚心地向他学习，这样就能在共同的成功中分享成果，分享快乐。

如果沙丁鱼没有鲶鱼作为对手，就会变得垂垂将死，是对手才重新激起它们生存的活力。社会生活中，一个人如果没有竞争对手，他就会甘于平庸，养成惰性，最终导致庸碌无为。一个人、一个群体、一个行业如果没有竞争对手，就会因为安于现状而失去进取的动力，逐步走向衰落。有了对手才会有压力，才会有危机感，才会有竞争力。有了对手，你便不得不奋发图强，不得不锐意进取，否则就只有等着被吞并，被替代，被淘汰。

有人把事业中的对手视为眼中钉、肉中刺，其实，换一个角度看问题，拥有一个强劲的对手并不是坏事。因为一个强劲的对手，会让你时刻有种危机四伏的感觉。为了生存和发展，你就必须以更加旺盛的斗志去迎接挑战，从而在与对手的竞争中不断完善自己，不断进行自我扬弃，永葆生机和活力。正是从这个意义上说，要感谢对手给你带来了生存的压力和前进的动力！

在非洲的奥兰治河两岸，生活着一群羚羊。科学家发现，河东岸的羚羊的生存能力比河西岸的羚羊强得多。原来，河东岸的羚羊群附近生活着一个狼群，这使羚羊天天处于一种紧张的氛围之中，这种有天敌的环境，激发了羚羊的生命活力，为了生存，他们变得身体强健，越来越有战斗力。而西岸的羚羊由于没有天敌,没有生存的压力,生命的活力也就慢慢地萎缩了。

一位哲人说过:我们的成功,也是我们的竞争对手造就的。这句话说得实在深刻。这个世界上本无所谓的敌人,有的只是竞争对手。你之所以斗志昂扬,是因为有竞争对手的存在,它给了你无形的压力,令你不敢懈怠。

曾经有一位知名企业的老总在谈及自己的成功经验时总结说:"我今天的成绩要归功于竞争对手,是竞争对手助我上青天。"这位老总的经验之谈,不失为对"对手"作用的深刻总结。从他的话语之中,我们可以看到,有竞争对手是件好事,而不是坏事,有对手才有竞争,有竞争才有压力,有压力才有成长。

蒙牛总裁牛根生就深谙此道。在蒙牛创业初期,有记者问:蒙牛的广告牌上有"创内蒙古乳业第二品牌"的字样,那么请问,您认为蒙牛有超过伊利的那一天吗?如果有,会是什么时候?如果没有,其原因是什么?牛根生答道:没有。竞争只会促进发展。你发展别人也发展,最后的结果往往是"双赢",而不一定是"你死我活"。

在牛根生的办公室,挂着一张"竞争队友"战略分布图。牛根生说:"竞争伙伴不能称之为对手,应该称之为竞争队友。以伊利为例,我们不希望伊利有问题,因为草原乳业是一块牌子,蒙牛、伊利各占一半。虽然我们都有各自的品牌,但我们还有一个共有品牌'内蒙古草原牌'和'呼和浩特市乳都牌'。伊利在上海A股表现好,我们在香港的红筹股也会表现好;反之亦然。蒙牛和伊利的目标是共同把草原乳业做大,因此蒙牛和伊利,是休戚相关的。"

应当感激你职场中的竞争对手,因为是他使你更为优秀,使你头脑清醒、思维活跃、时刻清醒地面对职场中的激烈竞争。是职场中的竞争对手,使你清醒地知道自己该去做什么,该去填补哪个领域的不足。因此你发奋工作,努力比他更优秀。

No.4　寻找压力的积极力量

事情本身往往并无绝对的压力可言，压力的真正原因是一个人对问题的态度。

现在是一个竞争激烈，充满压力的时代。学生有课业升学的压力；工人有下岗再就业的压力；公务员有压力；商家有市场竞争的压力；就连退了休的人也有压力，有孤独的压力，有疾病的压力。人们之所以有压力，是由于一个人的某些需要、欲求、愿望遇到障碍和干扰时，从而引发出心理和精神的不良反应。"水可载舟，也可覆舟。"压力既有好的一面，也有坏的一面。如果能把压力变成动力，压力就是蜜糖；如果把压力憋在心里，让它无休止地折磨自己，那就是砒霜。

人有压力不可怕，可怕的是把这种压力变成心灵的枷锁，如此一来，人就会失去理智的判断能力，失去激发潜能的自由。西方有句谚语："最后一棵草会压垮骆驼背。"同样的道理，工作生活中的烦心琐事，也会给人造成心理和精神上的压力，直接影响人的健康和生命。有个50刚刚出头的教师，曾在公园里锻炼过身体。去年他体检时，发现肝上有点问题，从此心情沉重，精神不振，不到半年竟形容枯槁。不久后，听说他猝然离世。医生说他的生命不是因为肝病而结束，而是被心理压力夺去的。

传说美洲虎是一种濒临灭绝的动物，世界上仅存十几只，其中秘鲁动物园里有一只。秘鲁人为了保护这只美洲虎，专门为它建造了虎园，里面有山有水，还有成群结队的牛羊兔子供它享用。奇怪的是，它只吃管理员送来的肉食，常常躺在虎房里，吃了睡，睡了吃。

有人说："失去爱情的老虎，怎么能有精神？"为此，动物园又定期从国外租来雌虎陪伴它。可是美洲虎最多陪"女友"出去走走，不久又回到虎房，还是打不起精神。

Chapter 06

　　一位动物学家建议说："虎是林中之王，园里只放一群吃草的小动物，怎么能引起它的兴趣。"动物园里的管理人员采纳了专家的意见，放进了三只豺狗，从这以后美洲虎不再睡懒觉了。它时而站在山顶引颈长啸；时而冲下来，雄赳赳地满园巡逻；时而追逐豺狗挑衅。

　　美洲虎有了攻击的对手，也就有了压力，有了压力使它精神倍增，与以前大不一样了。

　　自然界现象如此，社会现象也是如此。每个人都会有这样的体会，一个人饭后散步时可以背起手来，闲情漫步，如果让他挑上百斤重担，便会立马小跑起来。这是为什么？是压力产生了动力。法国的维克多·格林尼亚，就是凭借压力，激发出动力，获得了诺贝尔化学奖。

　　格林尼亚出生于有钱人家，从小生活奢侈，不务正业，人们都说他是个没有出息的花花公子。在一次宴会上，格林尼亚有意靠近一位年轻貌美的姑娘。可是这位姑娘毫不留情地对他说："请站远点，我最讨厌你这样的花花公子挡住视线。"骄傲的格林尼亚有生以来，第一次遇到这样的羞辱。这令人无地自容的羞辱，像重重的一拳，把昏睡不醒的他击醒。他从宴会上回来，给家人留下一封书信："请不要探询我的下落，容我去刻苦学习，我相信自己将来会创造出一些成绩的。"果不其然，8年后，他成了著名的化学家，时隔不久，又获得了诺贝尔化学奖。后来格林尼亚收到一封信，信中只有一句话："我永远敬爱那些敢于战胜自己的人。"写信者正是那位美丽的姑娘。

　　格林尼亚当众受辱产生了压力，他为了洗刷掉这些羞辱，促使自己去战胜自我，后来终于用羞辱换得荣誉，实现了由纨绔子弟向伟大科学家的转化。这就是物极必反，压力变动力的结果。我们还从格林尼亚的转化中发现，一个人追求的目标越高，战胜压力的力量就越大。

　　人生在世，虽然无法逃避生活和工作中的种种压力，但是人有办法战胜它。战胜它的最佳办法就是：先放"心"面对，再用"心"解决。

No.5 千锤万凿出深山

璀璨夺目的金刚石与黑乎乎的石墨有天壤之别，然而，化学家的结论却令人惊异：金刚石与石墨一样，都是由碳原子构成，并且，石墨竟能变成金刚石。普普通通的石墨能变成"不可战胜"的金刚石？确实如此，不过，除了高温，还要加上5万到10万个大气压才行。自然界这样，人之成才亦是如此，那些平平常常的"石墨"变成闪闪发光的"金刚石"，离开压力，也是不成的。肩负重任，往往有利于励志勤勉，成就事业；一身轻松，常常得过且过，不思进取。压力对于成才的"催化"作用是显而易见的。

诚然，人人都想成为"金刚石"般的人才，但是，"靡不有初，鲜克有终。"人们从事任何一件事情，一般都会好开头，但能够坚持到底，善始善终的，又有几人呢？因而，有承受持久压碎的思想，才可能有持久的热力与劲头。这个道理似乎人人都明白，但从知到行，却有一段漫长的距离，有些人也许一生一世都没有走到头，没有什么作为。他们的人生之旅太轻松，活得太潇洒。他们也许有过压力，但那是一阵子，他们即使有过美好的计划、远大的理想，但往往夭折途中。能够持久地承受压力，才会成才；否则，只能成"柴"。压力无所不在，无时不有，回避不了，躲闪不得。

重压之下，精神萎靡、畏缩不前的不乏其人，但笑迎压力，变压力为动力，创造令人折服的业绩的，也是大有人在的。可以这样说，每一位登上各自事业高峰的人，他们经受的压力总是同成就成正比，压力就是他们的动力。古往今来，概莫能外。"金刚石"号称"硬度之王"，但"山外有山，天外有天"。据报道，有一种氮硼化合物，居然能划破金刚石。做学问，干事业，"到顶"的思想是有害的。即使一位杰出的人才，也还存在加压的问题。这是继续前进的需要。

成才离不开压力，我们应该欢迎压力，勇负重任，成为对国家对人民有益的人才。

No.6　失败是成功之母

《光明日报》曾经报道，"我国每年自杀人数达28.7万，还有200万人自杀未遂，巨大的竞争压力，就是自杀的一大诱因。"然而笔者认为，更多的自杀者认为自己是生活的失败者，承受不起来自失败的压力，所以才选择死亡来逃避。

无论在媒体上，在社会交往中，在口头交谈中，我们更多地听到的是商业英雄、娱乐明星、权力人物、知识精英的事迹以及趣味事件。小车、健身俱乐部、美容中心、酒吧、购物狂欢等，就是基本的生活议题。为了让自己能够过上高人一等的生活，许多人顶着压力拼命地工作，结果是成功者风光无限，失败者一蹶不振。

如果真是这样，不妨让我们来看看下面这些故事吧：

一个年轻人，在大学四年级将要毕业时，突然查出得了严重的肺结核病。别人毕业离校，他只能在家养病。为了替他排忧解闷，哥哥陪他下围棋。天长日久，兴趣渐浓。最后，他大学虽然未能毕业，却走上了棋弈之路。他就是著名的围棋教练邱百瑞先生。人们敬称他"邱百段"，因为他教的学生得到的段位加起来已超过"一百段"。

有一位记者访问了一所名牌中学的7位高考单科状元，问他们在学习上有什么好的经验。虽回答各异，但有一个惊人的共同点是：他们都能从失败和错误中吸取营养，滋润成功。甚至有4人不约而同地拿出一个本子，封皮上工工整整地写着3个字：错题集。

原来，他们把考试中做错的题都收集在这个本子里了。他们先把做错的解答原封不动地抄下来，用铅笔标出错的地方；然后认真做一遍，把正确的解答写在错的下面；最后用简明的语言归纳出错误的类型和失败的原因。他们把这个过程叫做改正错题的"三部曲"。说来也怪，开头一两个月，要收入"错题集"的题目一个接一个，每天要花不少时间。半年以后，需要"登记"的错题就越来越少了。

有位哲人说："失败的味道挺苦，包含其间的道理却是甜的。"可见，经营"失败"也是一种高明。

日本三泽屋的三泽千代治社长曾经说过：我更信任那些有失败经验的人，一次都不失败的人，我从来不敢委以大任。我们身上的种种毛病其实就像这些失败一样，往往是映射成功的镜子。愚蠢的人面对毛病就像面对失败一样，就只知道骂它们为毛病，怪它们是失败；只有聪慧的人把毛病和失败看成通往成功的经验。

No.7　戒急用忍才能成大器

以戒急用忍，其实就是"用忍戒急"，即用忍耐的态度来戒除急躁的情绪。

人生在世，为何当忍？

翻开历史，古今中外成大事者都不是一帆风顺，都经历过艰难曲折。司马迁在《报任安书》中就举出许多例子："文王拘而演周易，仲尼厄而作春秋，屈原放逐乃赋离骚，左丘失明厥有国语，孙子膑脚兵法修列，不韦迁蜀世传吕览。"就司马迁本人而言，也是在遭遇迫害之后发愤著书，因完成《史记》巨著而彪炳史册。我们有理由坚信，低头无妨做大事，耐着性子把事做稳，在小处忍让，可在大处获胜。

淮阴侯韩信，恐怕在中国是无人不知无人不晓。大家都知道他帮刘邦打败了项羽，为刘邦打下了江山。刘邦建立汉朝后，他被封为淮阴侯。

韩信本是贫穷潦倒的一个人。他当时有个做小官的朋友，他就经常去那个朋友家大吃大喝，他那个朋友倒没说什么，可那朋友的妻子有意见，想撵他走。于是就有一天早上，他们家人都起得早早的，把饭做了家人都吃完了。等韩信起来准备吃饭的时候，只看到桌上杯盘狼藉、残羹遍地。韩信就知道：他们讨厌我了，要我走了。韩信当天非常生气，认为他们很不厚道。于是，他就离开了那个朋友家。

一天，几个街头小混混在街上看到他，找他的麻烦，戏弄他。其中有一个人对他说："韩信啊，你今天从我的胯下钻过去，我就不找你麻烦，要不然，可别怪我不客气！"这一闹，街上的人自然都围过来了，韩信想了半天，没办法，钻了。这就是广为流传的"胯下之辱"。

不久，韩信参加了项羽的起义，但项羽并不赏识他，所以，韩信便离开了项羽而投靠了刘邦。开始的时候，他也同样不受刘邦的重用，只是让他当了个帐前护卫。当时，刘邦打不过项羽，跟韩信当护卫的几个兄弟都走了，韩信也走了。刘邦的助手萧何得知韩信走了，立马去追。

后来萧何对刘邦说："韩信是个人才，你要重用他，他将来必将帮你打败项羽，夺得天下。"当刘邦听说韩信有如此本事，于是斋戒三天，并当众授他大将军的军衔。最后，刘邦终于在韩信的帮助下平定天下，登基王位。

韩信在环境中压而不服，终于有机会施展才华了，也不负萧何之望，自此以后，项羽的军队就总是被刘邦的军队打败，严格来讲，是被韩信所败。

忍是弱者站稳脚跟、积蓄力量的最好保护伞。

对绝大多数人而言，一个人大学毕业，走向社会，其实质就是一个弱者开始直面社会，直面强者。弱者缺乏经验、缺少资金、缺少关系，以这样的状态要"笑傲江湖"，非要有"夹着尾巴做人"的胸怀：对不如意的境遇，要忍；对不满意的工作，要忍；对他人的冷眼挖苦，还要忍。

忍能使人免受外界袭扰，不夹在矛盾的风浪尖上，不陷入无聊的人事中，有充分的时间了解社会、感受职场，有饱满的精力思考人生，谋划事业。

No.8　压力就是一种责任感

随着人逐渐成长，责任感慢慢地爬到了我们每个人的心中，与之同时而来的是，压力感也会随之而至。什么是责任，责任就是我们分内应该做的事。什么是压力，压力就是自上而下施加的重力。责任和压力就好比一对孪生兄弟，它们共生共长，相辅相成。不负责任就没有压力，没有压力也就不能承担责任。

责任与压力就好像光与影一样，只要有责任，压力就必然存在。不管是谁，只要一说到责任，心不自觉地就会紧缩起来，而一种无形的压力也会随之降临双肩。其实，责任无时不有，无时不在。

我们每一个人在生活中都会肩负不同的责任，对家庭负责：孝敬父母，关心爱人，抚养子女，我们理所当然；对集体负责：恪尽职守，爱岗敬业，奋发有为，我们责无旁贷；对社会负责：遵纪守法，信守公德，爱国爱民，我们义不容辞。

工作时，把责任体现在工作压力上，把责任体现在精神状态上，把责任体现在实实在在的工作成果上。我们工作在不同的岗位，面临着各自不同的压力。生活中，把责任体现在照顾老人的孝心上，把责任体现在抚养子女的希望之中，把责任体现在兄弟姐妹的互相关爱之中。所有这一切的责任无不给我们带来或大或小的压力，但这种压力是积极的压力，是激励我们努力奋斗的精神力量。

我们曾经都以为是为自己而活，因此很多时候会无所顾及地我行我素。可有了自己的事业、家庭之后，才渐渐体会到我们其实是在为他人而活着。工作中来自社会、领导、同事等多方面的压力都可能会约束着自己的言行；家庭里更多的是温暖和安全，但面对老人、爱人、孩子你还是得扮演着不同的角色。

这或许就是一种责任吧——对社会对家庭的责任，我们每个人都无法逃避这种使命感，时时处处我们都会演绎着不同版本的人生。尽管有这么一说——走自己的路，让别人去说吧，但谁又能真正做到如此地洒脱呢？说到底，这其实是一种美好的愿望、理想的境界。只是我们在不同的社会角色中仍旧不能失去自我，我们只能让责任成为一种奋发进取的动力，使我们的生活更加美好、让我们的生命更有意义。

花的责任是散发芬芳，树的责任是营造绿荫，太阳的责任是普照万物。没有生命可以不负任何责任，没有生命可以推卸和回避自己所应该承担的责任。

压力感过轻，一方面可能会使人过于放松，忽略了防范风险，另一方面，可能会使人长期回避责任。责任是什么？责任就是扛在肩头的这根"沉木条"。有责任才有压力，有压力才有动力。把责任扛在肩上，才能保持清醒的头脑，保持旺盛的斗志，在成功时不自满，失败时不气馁，努力奋斗直至成功。研究发现：适度的压力可以使人集中注意力，提高忍耐力，增强身体活力，减少错误的发生。所以，承受压力可以说是机体对外界的一种调节的需要，而调节则往往意味着成长。也就是说，有一定程度的心理压力，可以调动内在潜力、增强自己的实力和自信心。

No.9 从压力中磨练意志

一生意人请家乡的友人喝酒，友人感叹地说："人生真是难以预料，想当初我们一起在这所城市当搬运工。现在你已经办成了这么大的公司，而我还在家乡替人送煤气赚点小钱过日。"杯酒下肚，这名生意人眼眶红红："我倒怀念当初我们当搬运工在一起的日子。什么都不用多想，快乐地度日。虽然现在生意做这么大，但累。资金、人事、市场每一个问题都让我难入眠。现在表面风光，但只要有一点'错误'，都足以让企业倒闭，我一个人没饭吃事小，公司上上下下2千人都看着我啊！话说回来，公司经历几次危机能发展到现在这个样子,跟以前当搬运工有极大的关系,累了,歇一歇,找个地方靠一靠,咬咬牙,就挺过来了。"

从这名生意人身上,我们不难推测,经商并不是所想象的那样,是一件潇洒有趣的事。实际上,经商做生意是一件非常辛苦的工作。只有那些从小就经历磨练,从小就懂得生活的不易的人才能最后走向成功。

那些从未受过任何困苦的人,那些一开始就靠父母给钱,靠关系而创业的人一定不能坚持长久,因为他们没有接受社会的实践,他们的信心和勇气不是建立在自己的打拼总结,而是建立在他人的支持上,他们就没有不屈不挠的精神,他们就没有积极的态度,他们在遇到强有力的对手和遇到经济不景气时就会束手无策。如果你正在受苦,如果你正在经受磨练,不要紧,现在的磨练是为以后做更大的事而做准备。

害怕遭遇压力是人之常情,因为压力毕竟会给人的生活带来困难和烦恼,但是我们毕竟是生活在现实社会里,人生百年,谁都会遇到压力,这是在所难免的,我们逃避不了,也改变不了。因此,对待人生中的压力,我们应该持正确的态度去客观对待,既不怪社会,也不要怪命运,更不能怪父母。要勇敢地面对它,想办法战胜它。没有经历千辛万苦的人,永远也尝不到胜利的香甜。

古往今来,凡事业上有所成就的人,无不经受创业时的种种失败的磨练,承受超人的痛苦。但是他们在压力面前,始终都不会停滞不前,而是变得更加坚强,更努力,在成功的路上都洒满了血泪和汗水。

其实困难都是暂时的,只要我们"咬定青山不放松",胜利将会属于我们。孟子说:"天之将降大任于斯人也,必先苦其心志,劳其筋骨,饿其体肤,空乏其身。"压力是人生旅途中的磨练,是意志和能力的培养,战胜一次又一次的压力,我们将会得到人生最宝贵的礼物,变得更坚强,更有智慧。

曾经有报道,一个高材生,去参加一家企业的招聘考试,张榜时没有他的名字,一气之下,该考生便跳河自杀。结果是该考生考得第一名,只是张榜时漏写了他的名字,该考生跳河后被人救起,闻知自己是第一名,便高高兴兴去报到，可是老板无论如何也不要他，理由是这么一点压力便跳河自杀，到公司后遇到更大的压力该怎么办？这一故事令人深思，试想当今社会竞争激烈，每个人都不可能一帆风顺走完自己的人生之路，都要经历各种风风雨雨，经受各种磨练，如果没有这种心理准备，将无法承担社会赋予我们的责任，更谈不上实现自己的人生目标。因为，一个连对自己都不负责任的人，如何会对社会负责任。

人生的过程是战胜困难、战胜压力的过程，因为生活原本就是这样。有位哲人曾经说过："如果生活中只有晴空丽日，而没有阴雨笼罩，只有幸福而没有悲哀，只有欢乐没有痛苦，那么这样的生活根本就不是生活——至少不是人的生活。"压力存在于我们的生活之中，我们应该用微笑挑战压力，用顽强战胜压力，因为战胜一次又一次的压力，我们将会变得更坚强、更智慧、更成熟。

№.10　静止的弹簧没有力量

如果你曾做过弹簧试验，你会发现静止的弹簧是毫无力量的，而施加越多的压力，它向上的弹力就会越强。事实上这种"弹簧效应"在生活和工作中也随处可见，尤其表现在当你承受压力时，你是否有过这样的经历，愈是面对挑战，愈会迎难而上；愈是竞争激烈，愈能激发潜能，这就是压力的魅力所在。

在海洋中，鲨鱼是唯一没有鱼鳔的鱼。为了抵住水的压力，它必须不停地游动才不会窒息致死。然而它并不可怜，正是由于它不停也不能停地游动，使它成为了海上霸主，人也是同样需要压力。常听一句老话"置之死地而后生"。为什么在"死地"却能"后生"？是因为"死地"给了人巨大的压力，由此转化成了动力。没有这"死地"的压力，又哪里有"后生"的动力？

小云是个非常优秀的学生，大家都说他是考清华的料，以他的成绩考个重点高中自然是不成问题的。但小云有三个兄弟，父亲下岗了，妈妈也没有正式工作，只是靠做钟点工赚钱，家中十分困难。中考后，虽然小云的考分远远超过了重点高中分数线，但因为一个普通中学许诺他除了课本的费用外，其余一律免费，他便去了那个免费的普通中学。

一天，我遇到小云，问："你在那还好吗？"

"一切都免费，老师也很看重，但我的感觉却不怎么好。"

"为什么呢？"

"没有竞争的对手，有时想和同学一起讨论难题，却找不到合适的人，好没劲。"

据说小云并没有像人们预期的那样考上清华大学，只是考上了一所普通大学。

没有竞争的环境，很容易让人懈怠。

当一个学生整天为学习忧心忡忡的时候，别人总是说："他压力太大。"当一个公司老板对手下无端发怒时，秘书总安慰说："他工作压力太大，你别放在心上！"

其实，当你面对无端的压力时，你可以将压力化为动力，努力地去拼搏。

压力是什么？是真的像别人说的那样的可怕吗？不，绝对不是的。请你相信我，相信你自己，你能战胜压力，它会唤醒你的斗志和韧性使你对人生有更深的体验！

在我们看来，每一次承受压力，成功突围的经历弥是珍贵，因为是个人成长和事业发展过程中不可复制的一笔宝贵财富，的确，面对压力你必须沉着冷静、缜密、思考、抓住机遇、全力以赴，这是一场对智慧、耐心与勇气的全面考验。然而，恰恰是这种考验能促使你不断突破的极限，超越自我，激励你在事业上不断奋进，创造新高，我发现许多成功人士正是这样的"抗压"高手，他们总是乐于承受压力、迎对挑战，因为他们切实体味压力的魅力，发掘出了其中生生不息的成长力量。

苦难是人生的老师，困难是前进的铺垫，灾难是成功的前奏，压力是生活的享受。生活是一曲跌宕起伏的交响曲。有掌声、鲜花，也有痛苦、烦恼。这样的生活才是完整的。享受多彩生活，就要勇敢地面对压力，从容地应付压力，让压力成为磨砺意志的砺石支点，成为锤炼生活的熔炉燃剂，成为不懈追求的前进动力。让欢快的笑语，甜美的歌声，感染每一个人；让豁达的乐观，积极的态度，激励每一个人。把所有的压力都化作向前的动力，人生才能走得更远，收获更多。